Fabeln und Mären von dem Stricker

FABELN UND MÄREN
VON DEM STRICKER

Herausgegeben

von

Heinz Mettke

VEB MAX NIEMEYER VERLAG · HALLE (SAALE)

1959

Altdeutsche Textbibliothek
Nr. 35

Veröffentlicht unter der Lizenz-Nr. 259 — 315/18/59
Gesamtherstellung: VOB Kreuz -Verlag, Halle (Saale)

Inhalt

FABELN

MÄREN

Vorwort

Der Stricker hat in der ersten Hälfte des 13. Jahrhunderts
gelebt. Wir kennen aber weder sein Geburts- noch sein
Todesjahr. Ungefähr läßt sich sein Schaffen auf die Zeit
von 1220—1250 begrenzen, kurz vor 1200 wird er geboren
sein. Er war bürgerlicher Herkunft und muß — das ergibt
die aus den Reimen erschlossene Sprache — aus dem süd-
fränkischen, ans Alemannische grenzenden Gebiet stammen.
Die genaue Kenntnis österreichischer Verhältnisse aber
weist darauf hin, daß er sich längere Zeit in Österreich auf-
gehalten hat. Ob der Name Stricker sein eigentlicher oder
ein zugelegter ist, bleibt ebenfalls unsicher. Vielleicht war
er von Beruf ein Stricker, d. h. Knüpfer von Fäden, oder
es war ein angenommener Name und würde dann Ver-
knüpfer = Dichter bedeuten.

Seine dichterische Tätigkeit hat er mit zwei Romanen
begonnen: ,,Karl der Große``[1]) und ,,Daniel von dem
blühenden Tal``[2]). Im ,,Karl`` hat er das Rolandslied dem
Geschmack des 13. Jahrhunderts angepaßt, im ,,Daniel``
läßt er die Artusritter wundersame Abenteuer erleben,
hier steht er in der Nachfolge Hartmanns. Beide Werke
sind von durchschnittlichem Werte, trotzdem wurde der
Karl-Roman viel gelesen, wie die stattliche Handschriften-
zahl erkennen läßt; weniger Erfolg hatte der ,,Daniel``. Der
Stricker mag selbst gefühlt haben, daß er auf einem anderen
Gebiete Größeres zu leisten vermochte: er wandte sich der
moralisierenden und schwankhaften Kleindichtung zu. Auf
deutschem Boden steht er an ihrem Anfang, und er hat
es zugleich darin zur Meisterschaft gebracht. Seine bekann-
teste Novelle ist wohl der Zyklus um den ,,Pfaffen Amis``[3]),

---

[1]) Hrsg. von Karl Bartsch, Quedlinburg u. Leipzig 1857.
[2]) Hrsg. von Gustav Rosenhagen, Breslau 1894.
[3]) Hrsg. von Benecke, Paul-Braunes-Beiträge Bd. 2
S. 499 ff., H. Lambel, Erzählungen und Schwänke 2. Aufl.
1883.

diese Erzählung ist ein Vorläufer des „Till Eulenspiegel" und des „Pfaffen vom Kahlenberg". Insgesamt besitzen wir vom Stricker ungefähr 170 kleinere Gedichte; Konrad Zwierzina, der wohl beste Stricker-Kenner, gibt 169 an, hält es aber für möglich, daß in einigen Handschriften noch weitere stehen. Im folgenden beziehe ich mich nur auf diese Kleindichtung.

Ebensowenig wie über das Leben des Strickers ist auch über die Abfassungszeit oder die Reihenfolge der einzelnen Gedichte bekannt. Es gibt keine Originalhandschrift vom Stricker selbst, und die älteste erhaltene Überlieferung (= A) ist 40—50 Jahre nach seinem Tode entstanden. Seine Gedichte werden in 17 Handschriften überliefert, aber diese enthalten keinesfalls jeweils sämtliche 170 Gedichte, die meisten vielmehr weniger als 30 — nur A (Wien, Nat. Bibl. 2705) ca. 160, H (Heidelberg 341) 108. Einzelne Gedichte oder Bruchstücke stehen in 20 anderen Codices. Alle diese Handschriften sind von Zwierzina in der 2. Auflage des Mittelhochdeutschen Lesebuches von Carl v. Kraus (Heidelberg 1926 S. 279 ff.) genannt, und auf S. 285 ff. gibt er eine vollständige Übersicht über die bis 1926 erschienenen Drucke. 1927 sind noch von Maria Maurer die „Frauenehre" und 1934 von G. Rosenhagen die „Mären von dem Stricker" erschienen.

Eine Gesamtausgabe der kleineren Gedichte wäre längst fällig; Zwierzina hatte sie auch geplant, ist aber vor ihrer Vollendung gestorben, so daß wieder von vorn begonnen werden müßte, falls wir seinen Nachlaß nicht ausschöpfen könnten. Die 169 dem Stricker zugewiesenen Gedichte sind zwar bis auf 24 bereits gedruckt[1]), aber diese Drucke sind an sehr verstreuten Stellen und nach den verschiedensten Grundsätzen erfolgt; sie sind zum Teil nur über die Bibliotheken zugänglich und teilweise schon an oder gar über 100 Jahre alt. Die Fabeln stehen zumeist mit solchen anderer oder noch unbekannter Verfasser zusammen, und bis zu Zwierzinas Übersicht wußte man oft überhaupt nicht, welche von den namenlosen Gedichten dem Stricker zuzuweisen seien; denn in den Handschriften

---

[1]) Zwierzina a. a. O. S. 285

tragen sie nur zum Teil seinen Namen, und viele können ihm nur auf Grund des Wortschatzes oder sprachlicher Formen zugesprochen werden.

Soweit genormte Texte hergestellt wurden, stimmt kaum einer mit dem eines anderen Herausgebers überein; die älteren Ausgaben richten sich nach der Lachmannschen Metrik — so fügt z. B. auch J. Grimm in den Stricker-Texten seiner Ausgabe des „Reinhart Fuchs", um das metrische Gleichmaß zu wahren, Flickwörter ein, die durch keine Handschrift überliefert sind — und die neueren wie die älteren Ausgaben berücksichtigen oft die Eigenheiten der Strickerschen Sprache zu wenig. Am zuverlässigsten sind noch die reinen Handschriftenabdrucke, aber keine Handschrift vermittelt uns ein getreues Bild von der Urfassung des Strickers, sie kann vielmehr erst durch den Vergleich aller Handschriften zurückgewonnen werden. Ein großer Mangel der genormten Ausgaben besteht eben auch darin, daß nicht alle Handschriften berücksichtigt wurden. Wie umfangreich der Lesartenapparat werden kann, zeigt Zwierzina in den fünf (jedoch nicht genormt) von ihm herausgegebenen Gedichten[1]. Über die Sprache des Strickers gibt es in den Einleitungen vieler Ausgaben Hinweise, und auch Zwierzina macht in den Mhd. Studien (ZfdA. 44 u. 45) Angaben darüber, aber konsequent wurden all diese Ergebnisse noch kaum zugrunde gelegt. Manche Gedichte liegen in zwei Fassungen vor, die auf den Stricker selbst zurückgehen.

Der Stricker sollte nicht nur deshalb mehr als bisher bekannt sein und gelesen werden, weil er uns wie kaum ein anderer der ersten Hälfte des 13. Jahrhunderts Einblick in die kulturellen und gesellschaftlichen Verhältnisse seiner Zeit gewährt, sondern weil auch uns im 20. Jahrhundert Lebenden ein Teil seiner Gedichte ebensoviel sagen kann wie seinen Zeitgenossen. In vielen gibt er uns einen Spiegel des damaligen Lebens, seine Absicht aber ist, zu unterhalten und seine Mitmenschen belehrend zu bessern. Diesen Zweck verfolgt er in allen Arten der Kurzerzählung: in den Fabeln mit weltlich-moralisierender oder mit christ-

---

[1] Zwierzina a. a. O. S. 83 ff.

licher Auslegung, in den Schwank- und Ehegeschichten, in den „Beispielen" („bîspel") und in den zeitkritischen Gedichten. In humorvoller, spöttischer oder auch tadelnder und fast immer zugleich realistischer Weise schildert er Zustände und Personen, zeigt ihre Schwächen und Vorzüge und greift dazu in alle Stände hinein. Die Priester tadelt er ebenso wie die Könige und Fürsten, die Ritter und Reichen, die Bauern, die Ratgeber und Schmeichler, die Neider, Wucherer und Trunkenbolde. Männer und Frauen, wo immer er Schwächen an ihnen entdeckt, läßt er in seinen Gedichten ihre mehr oder weniger törichten, unklugen oder auch schlechten Handlungen vollbringen. Am Ende der einzelnen Geschichten aber werden sie bestraft oder belehrt, und, an seine Leser oder Hörer gewandt, werden dann vom Stricker allgemeine Betrachtungen, Belehrungen oder auch tadelnde Hinweise angeknüpft. Wir können ihm nicht dankbar genug sein, daß er neben den zahlreichen rein christlichen Gedichten — er steht wie alle Dichter dieser Zeit trotz seiner heftigen Kritik an den kirchlichen Würdenträgern fest auf dem Boden des Christentums — Zeitkritisches geschrieben hat und daß er mißliche Zustände und das Unrecht, das damals allenthalben geschah, aufzeigt. Eben dadurch sehen wir in die gesellschaftlichen Verhältnisse jener Zeit hinein, und das macht ihn auch zu einem Gesellschaftskritiker, der sich freilich nicht, das sei ausdrücklich gesagt, zu einem Revolutionär und Verteidiger der Unterdrückten entwickelt hat und der keineswegs durch eine Änderung der gesellschaftlichen Verhältnisse, sondern allein von innen her die Menschen und damit die Zustände bessern wollte.

Der Stricker hat m. E. viel öfter auf Vorlagen zurückgegriffen, als im allgemeinen bekannt ist. So haben seine Fabeln ihre Entsprechungen in der lateinischen Fabel-Literatur, die über Frankreich auf deutschen Boden gekommen sein dürfte. Das gleiche gilt aber auch für viele der kleinen, besonders der christlichen Geschichten; sie waren ein Bestandteil der Predigtliteratur, und ein Blick in die Bände von Léopold Hervieux „Les Fabulistes Latins" (Paris 1893 ff.) zeigt uns, daß der Stricker hier keineswegs Neues geschaffen, sondern Erzählungen, die in zahlreichen Handschriften überliefert waren, seinen deutschen Lesern oder Hörern aufgeschlossen hat. Diese lateinischen Geschichten waren in Deutschland verbreitet, und in den von Joseph Klapper 1914 in Breslau heraus-gegebenen „Erzählungen des Mittelalters" findet man z. B. eine Parallele zu Strickers „Ernsthaftem König" (Klapper S. 363 ff.), zum „Salamander" (Klapper S. 382 ff. eine ebensolche mit langer, predigtartiger Auslegung und mit Bibelzitaten; bei Hervieux Bd. II S. 302 u. S. 406 wieder anders: wesentlich kürzer) sowie eine Entsprechung zur „Äffin und ihrem Kind" (S. 392 f.). Die Bedeutung des Strickers wird durch diese Verbindungen, denen nun weiter nachzugehen wäre, keineswegs gemindert; denn er hat diese Texte nicht einfach übernommen, sondern sie manches theologischen Beiwerkes (Bezugnahme auf Kirchenväter, Bibelzitate usw.) entkleidet. Wir sehen — was schon seine beiden Romane erkennen lassen —, daß er auf der Höhe der damaligen Bildung stand und daß er in der Bearbeitung vorhandener Stoffe wie auch in eigener schöpferischer Dichtung Bleibendes zu leisten vermochte.

Da der Umfang der Ausgabe durch den Verlag fest-gelegt war, konnte hier nur eine Auswahl aus dem Schaffen des Strickers gegeben werden. Ich habe mich für die Fabeln mit weltlicher Auslegung[1]), für die zeitkritischen und für einige andere des Strickers Art charakterisierende Gedichte entschieden. Der Titel stimmt wegen der „Klage" nicht

---

[1]) In den Fabeln mit christlicher Auslegung wird die eigentliche Fabel oft ganz von der Deutung überwuchert, die manchmal um ein vielfaches länger ist. Hier wie auch in anderen christlichen Gedichten hat der Stricker in die Predigtliteratur hineingegriffen (s. o.). Diese Art der Strickerschen Dichtung läßt am besten der Abdruck der Melker Hs. von Leitzmann erkennen (DTM IV). Folgende Fabeln, die entweder bei Leitzmann zu finden sind oder von denen er doch die Drucke angegeben hat, habe ich nicht aufgenommen: „Der Hund und der Stein" (A Nr. 111), „Der Salamander und die Fliege" (fehlt in A), „Die Milch und die Fliegen" (A Nr. 114), „Die Äffin und ihr Kind" (A Nr. 110), „Die Schlange ohne Gift" (A Nr. 133), „Die Äffin und die Nuß" (A Nr. 51); ferner „Der Löwe" (A Nr. 82, fehlt in M.).

ganz, sie gehört nicht zu den „maeren"; ich glaubte auf sie jedoch nicht verzichten zu dürfen, weil sie bisher nur von Hahn 1839 gedruckt worden ist. Im übrigen fasse ich den Begriff „maere" weiter als Rosenhagen, ich halte mich an Strickers Gebrauch.

Ich gebe die Gedichte nach der Handschrift A unter Zugrundelegung eines Mikrofilms[1]) nach den für die „Deutschen Texte des Mittelalters" geltenden Richtlinien (DTM 38 S. V—IX) in Druck, d. h.: u und v, i und j sind geregelt, s und ſ erscheinen als s, Zeichensetzung ist eingeführt, Eigennamen werden groß geschrieben, alles übrige klein, die zweite Zeile eines Verspaares wird nicht eingerückt, Abkürzungen sind aufgelöst. Das handschriftliche w aber habe ich stehenlassen, auch wo es für uw oder wu geschrieben ist. In den Lesarten ist das erste Wort jeder Zeile groß geschrieben. Rein Lautliches ist zumeist nicht aufgenommen worden. Lesarten ohne Handschriftenangabe beziehen sich auf A.

Damit diese Ausgabe auch für den Anfängerunterricht verwendet werden kann, ist dieses Verfahren jedoch bei vier Texten durchbrochen: für die „Drei Wünsche" und für den „Klugen Knecht" habe ich die Rosenhagenschen 'Mären' herangezogen und überarbeitet. Nur den „Drei Wünschen" habe ich keinen Handschriftenabdruck zur Seite gestellt. Beim „Klugen Knecht" soll der hinzugefügte diplomatische Handschriftenabdruck zugleich ein getreues Bild der Handschrift vermitteln. Die Lesarten hierzu von H sind Meyer-Benfey entnommen. Die „Gäuhühner" gebe ich wie die übrigen Texte nach A und daneben genormt. Die Abweichungen von Rosenhagen und Pfeiffer wird man leicht feststellen können, daher vermerke ich sie hier nicht im einzelnen. Der vierte Text, „Die Herren zu Österreich", fehlt in A, er wird nur von H überliefert. Ich habe den Meyer-Benfeyschen Druck zugrunde gelegt und mit einigen Lesehilfen versehen (Zeichensetzung und Zirkumflexen); der Text soll so ein Übergang von den genormten zu den Hand-

---

[1]) Für die Übersendung des Mikrofilmes sage ich auch an dieser Stelle der Wiener Nationalbibliothek meinen herzlichsten Dank.

schriftenabdrucken sein. Aufgenommen habe ich dieses Gedicht, weil es zu den übrigen zeitkritischen gehört.

Von den Handschriften führe ich hier nur diejenigen an, die ich für meine Texte herangezogen habe:

A Die Wiener Haupthandschrift für die Strickerüberlieferung, Nationalbibl. Nr. 2705. Ende des 13. Jh. Von dieser Handschrift stand mir ein Mikrofilm zur Verfügung. Folgende Nrn. aus ihr habe ich abgedruckt:

Fabeln: 38, 41, 42, 43, 44, 52, 53, 54, 55, 60, 60b (,,Der verflogene Falke", ohne Nr. in der Hs.), 69, 75, 76, 77, 78, 79, 96, 98, 102, 103, 107;

Mären: 39, 45, 62, 67, 97, 100, 105, 165, 171, 204.

Zur Sprache dieser Hs. s. Brietzmann, ,,Palaestra" 42 S. 49 ff.
Die Hs. bringt keine Überschriften, ich habe mich dabei möglichst an die üblichen gehalten. Nr. 100 ist m. W. bisher nicht gedruckt. Insgesamt enthält A an 160 Nrn. vom Stricker.

B Wien Nr. 2885, nur für Lesarten.

E München UB Nr. 731, Würzburger Liederhandschrift; 2. Bd. des Sammelcodex Michaels de Leone, für Lesarten.

H Heidelberg UB Cpg 341, herausggb. v. Rosenhagen DTM Bd. 17. Aus ihr ist das Gedicht ,,Die Herren von Österreich" genommen. Sie enthält 108 Nrn. vom Stricker, davon hat Rosenhagen 51 abgedruckt. Die Hs. stammt aus dem 14. Jh. und ist eine der wichtigsten Sammelhandschriften des Mittelalters.

K Kalocza Cod. 1, seit 1945 verschollen. Großenteils Abschrift von H. Ob K in allen Stricker-Partien eine direkte Kopie von H ist, wie Zwierzina (Kraus, Mhd. Üb. S. 285) schreibt, möchte ich ein wenig bezweifeln; manche Lesarten scheinen mir doch so von H abzuweichen, daß zumindest für einige Gedichte nur eine gemeinsame Vorlage von H und K anzusetzen ist.

L Der Liedersaal-Codex Laßbergs: Fürstenbergische Bibliothek zu Donaueschingen 104.

M Melk R 18. Herausgg. von Albert Leitzmann DTM 4.

W Wien Nat.-Bibl. 2884.

c Landesbibliothek zu Karlsruhe Nr. 408.

q München Staatsbibl. Cgm 44.

K—q nur für Lesarten.

Jena, 28. X. 1958   **Heinz Mettke**

Während der Drucklegung habe ich Filme von H und E aus Heidelberg und München erhalten. Meinen herzlichsten Dank dafür! Im Apparat habe ich trotzdem die Hinweise auf die Drucke stehenlassen, denen die Lesarten entnommen sind, aber sämtliche Lesarten von H und E sind nun nach den Filmen überprüft. In vielen Fällen habe ich geändert, nur u statt des handschriftlichen v habe ich gelassen, um die Korrekturen nicht mehr zu erhöhen.

Zum Text von A ist noch zu bemerken, daß viel öfter ein (!) stehen könnte, als es der Fall ist, weil ich die unterschiedliche Schreibung der Handschrift z. B. in: schiere: schire: schrire, chater: cahter: catze: chatze, charft: chraft usw. beibehalten habe.

Zum Schluß sage ich dem VEB Max Niemeyer Verlag für die Mühe, die mit dem Druck dieser Aufgabe verbunden war, meinen herzlichsten Dank.

Jena, 28. VI. 1959   **Heinz Mettke**

Abgekürzt angeführte Schriften

Altd. Bll. = Moriz Haupt und H. Hoffmann, Altdeutsche Blätter, Leipzig 1836.

Altd. W. = J. und W. Grimm, Altdeutsche Wälder, Bd. 2 u. 3, Frankfurt 1815/16.

DTM = Deutsche Texte des Mittelalters.

Docen, B. J. s. Altd. W.

Goedeke, Karl, Deutsche Dichtung im Mittelalter, 2. Aufl. Dresden 1871.

Grimm, J., R. F. = Reinhart Fuchs, Berlin 1834.

v. d. Hagen GA = Gesamtabenteuer 3 Bde., Stuttgart und Tübingen 1850.

Hahn = Karl August Hahn, Kleinere Gedichte von dem Stricker, Quedlinburg und Leipzig 1839.

A. v. Keller, Stuttg. Lit. V. = Bibliothek des Lit. Vereins in Stuttgart Bd. 35, 1855.

Lachmann, K., Auswahl aus den hochd. Dichtern des 13. Jh.s, 1820.

v. Laßberg LS. = Liedersaal 4 Bde., St. Gallen und Konstanz 1846.

Leitzmann, A., DTM 4 = Kleinere mhd. Erzählungen und Lehrgedichte (Die Melker Hs.) 1904.

Meyer-Benfey = Heinrich M.-B., Mittelhochdeutsche Übungsstücke, 2. Aufl. Halle 1920.

Müllenhoff, Altd. Sprachproben, 4. Aufl. Berlin 1885.

Pfeiffer Üb. = Altdeutsches Übungsbuch, Wien 1866.

Pfeiffer Zs. 7 (= Zeitschrift für deutsches Altertum Bd. 7).

Pfeiffer Germania 6 und Sonderdruck, Das Maere von den Gäuhühnern, Wien 1859.

Ros. = Gustav Rosenhagen, Die Heidelberger Hs. Cg. 341, DTM 17, 1909.

Ros. Mären = G. R., Mären von dem Stricker, Altdeutsche Textbibliothek Nr. 35, Halle 1934.

Schädel-Kohlrausch, Mhd. Elementarbuch, Lüneburg 1850.

Wackernagel, W., Altdeutsches Lesebuch, 5. Aufl. 1873.

Weinhold, K., Mhd. Lesebuch, Wien 1875, 3. Aufl.

Zwierzina, Konrad, in: Carl von Kraus, Mhd. Übungsbuch, 2. Aufl. Heidelberg 1926.

Zs. (Z. f. d. A.) = Zeitschrift für deutsches Altertum.

Sämtliche Handschriften und weitere Drucke führt Zwierzina a. a. O. S. 279 ff. an.

1. Der Käfer im Rosenhaus

Ein chever der was goltvar,
do nam er eines huses war
daz siner schone zæme.
in duhte, swie genæme
5 ein hus wesen mohte,
daz er wol drinne tohte
zeherren und zewirte.
wan in des niht enirte
weder sin mut noch diu zit,
10 da wart sin umbe suchen wit,
unz daz er ein rosen vant.
da duhte in schiere bechant
daz er nu funden hæte
ein hus da er inne stæte
15 vil gern beliben solde;
daz was rehte als er wolte.
diu rose het sich ingesmogen
und het diu bleter zugezogen,
wan si des towes anevanch
20 und ouch *ein* chuler abent twanch,
des was si sinewel und hol.
do was der chever freuden vol
daz er so wunnechlich gemach
nach sinem willen *ie* gesach.
25 er saz mit hohem mute drin.
im gie diu naht mit vreuden hin,
in duhte ê noch sit
nie so suezze dehein zit
als in diu naht duhte,
30 unz in der tach beluhte

---

1. *A Nr. 38, Bl. 27ᵛᵇ—28ʳᵇ; H Nr. 141. Docen, Altd. W.
3, S. 219—223, A: Meyer-Benfey S. 54—56, H; Ros. S. 107f.
Lesaa. von H nach Meyer-B.:* Überschrift in *H*: Ditz ist
vō einē goltvarn kever san Der sich gelichet einer vrowē
wol getā. 10 vmsvchen *H.* 14 dar inner stête *H.* 16 Daz
wer recht *H.* 17 entsmogen *H.* 20 ein *ſ.* 21 vñ sin hol.
22 frevnden. 24 er *A,* ie *H.* 25 sach *A,* saz *H.* 27 davht.
avch |e| n. s. *H.* 28 kein *H.*

da diu sunne hohe quam
und si den tou abe genam,
da wart ir schin so groz
daz sich diu rose uf sloz
35 und ir bleter elliu nider hiench.
dar nach vil schire uf giench
ein wolchen harte swinde
mit einem vil starchen winde,
der tet der rosen manigen stoz.
40 sin wæn daz wart so groz
daz si diu bleter muse lan,
er begunde ir also zu gan
unze er irs elliu benam.
war ir deheinez hin quam,
45 des enwart der chever niht gwar.
er gesaz ir allersamt bar,
im enwart niht wan der bloze dorn.
also het er gar verloren
den gemach des er da het gegert,
50 des was er tore vil wol wert.
    Als dem cheveren geschach
der niht wan die schone sach,
also geschiht noch einem man
der niht an wiben sehen chan
55 wan beidiu schone und jugent
und enwartet nie deheiner tugent.
dem wirt von rehte niwe
beide scham und after riwe,
swenne er sich an si verlat
60 durch die schone die si hat,
hat si denne tugende niht
wan die drie di er da siht:
schone, junch und wol geschaffen,
des wirt er ze einem affen
65 daz er da stæte wænet han.

---

31 Do die s. hoch vf q. *H.*   32 towe ab g *H.*   40 waiben
also *H.*   43 Daz ers ir ellev *H.*   47 nih.   48 vᵢlorn *H.*
50 gewert *H.*   52 wan an *H.*   53 Also mvz noch einem
man geschen *H.*   54 chan gesehen *H.*   56 niht keiner *H.*
58 bede.   61 danne tvgent *H.*   65 stete wet *H.*

so beginnent diu wolchen ufgan:
daz ist ir unstaeter mut,
der im vil leide getut;
der beginnet denne wanchen
70 mit so valschen gedanchen
daz alle ir ere velslich sint.
dar nach chumt der starch wint,
diu werch diu der gedanch birt.
als er mit laster inne wirt
75 daz er an der schone hat verlorn
und oben uf der schanden dorn
als ein tor ist gesetzet,
an eren gar geletzet,
so mûz er danne selbe jehen
80 daz im als dem chevern ist geschehen.
swer als der chever wirbet,
ob des gewerft verdirbet,
diu chlage hat vil rehten ton:
toren werch und toren lon
85 die stent gefuge ein ander bî.
swie schone ein bôse wip sî,
er choufet ir schone sere,
der ir groze unere
beidiu wizen und liden sol.
90 doch gan ich einem toren wol:
swa er in schanden wirt gesehen,
da ist im toren rehte geschehen.
ein schone wip ane ere
diune hat niht lobes mere
95 wan als diu schone blûme hat
diu uf einer grozen chroten stat.

---

68 in *H.*   71 vellick *H.*   72 starke *H.*   73 enbirt *A,*
birst *H.*   80 chvern *A.*   geschen *H.*   83 rechten
don *H.*   85 gevûge *H.*   88 grozen *H.*   91 Swaz *H.*   92 Do
i. i. der t. recht g. *H.*   *93—96 stehen in H als Schluß*
von Nr. 142.

2. Der Kater als Freier

Swes herce noch ie besezen wart
mit wnderlicher hohvart,
daz ist rehte allez ein wint:
ein chater, einer chatzenkint,

5 der uber hohtes alle
die sint Adames valle
mit hohvart wrden bechant.
dær gie da er ein vahæn vant,
der sprach er chundichlichen zů:

10 'nu rata, vrowe, waz ich tu;
ich weiz wol daz du wise bist
und chanst vil manigen guten list,
darumbe suche ich dinen rat.
ich sage dir wie min dinch stat:

Jacob Grimm schreibt zum Kater als Freier in den Altd.
Wäldern 3, S. 195 f.: ,,Diese Fabel kommt schon in dem
sogenannten Bidpai vor und stehet in der altd. Uebersetzung
der alten Weisen, Cap. 5., jedoch mit der unleugbar anmuthi-
geren Wendung, daß zwar die Katze gar nicht ins Spiel
tritt, sondern ein Heiliger ein Mäuselein in eine schöne Jung-
frau verwandelt hatte, die nun aus Stolz blos den mächtigsten
heirathen will und von der Sonne an ab- und wieder zur
Maus gewiesen wird, wobei alle aber handelnd auftreten. Das
ist das Märchen zu dem alten Spruch parturiunt. Durch den
Kater ist die Fabel noch um einen Grad verwickelter und auf
diese Bearbeitung spielt schon Biterolf im Wartburger Krieg
an, wenn er singt:

> *ein kater duhte sich so zart (schön)*
> *das er die sunnen fryen wolte so si früge ufgienc,*
> *u. nam doch sit nach siner rehten art*
> *ein tier, das muse vieng.*

Die ganze Fabel ist eine der schönsten, an epischer Fülle
und lebendiger Moral, die es geben kann und sicher uralt
und indischen Ursprungs, vgl. Polier Mythologie des Hin-
doux. II. p. 577—580.''

2. *A Nr. 41, Bl. 29ᵛᵇ—31ʳᵃ; H Nr. 145. J. Grimm,*
Altd. W. 3, S. 195—202; nach Grimm Goedeke 2. Aufl.
S. 636 f.; Wackernagel 5. Aufl. Sp. 802—806, danach
Schädel u. Kohlrausch S. 44—49; Ros. S. 116—119. Lesaa.
von H nach Ros. Überschrift in H: Ditz ist des kathern
mere Got buz uns unser swere. 1 ie f. H. 8 vohen H.
10 Nu rat mir v. H.

15 ich han me tugende eine
danne allez daz gemeine
davon du ie gehortest sagen.
ichn dorfte nimmer gedagen,
solde ich dich wizen lan
20 wie vil ich hoher tugende han;
ezn funde niemens sin
so edels niht als ich bin.
swi gern ich nu næme
ein wip diu mir wol zæme,
25 die mag mir niemen vinden,
doch wil ich nimmer erwinden.
dir sint vil groze witze bi;
waz nu daz edeliste si
daz du jender chanst erchennen,
30 daz solt du mir nennen,
des tohter wil ich nemen ê
ê danne ih gar an wip beste.'
diu vohe chundichlichen sprach:
'swaz ich edels iê gesach,
35 den get diu sunne allen vor.
sie sweimet so wnnechlich enbor
und ist schone und also heiz
daz ich so edels niht enweiz.'
er sprach: 'der tohter muz ich han.
40 si ist hohe und wol getan
und hat so wnnechlichen schin,
sie mach wol vil edele sin.
nu sage mir von der sunne me:
ist iht dinges daz ir widerste?
45 daz soltu nennen îesâ.'
diu vohe sprach: 'entriwen ja,
ir widerstet der nebel wol,
der ist grozer chrefte vol

---

15 tugent *H.*   16 Dan *H.*   19 Solt i. d. rechte w. l. *H.*
22 niht *f. H.*   23 swie gerne *H.*   24 mir nu z. *H.*   25 Dinen
mag m. nimant v. *H.*   26 D. enwil i. niht e. *H.*   27 groz
die w. *H.*   28 nu *f. H.*   30 mir hie n. *H.*   32 E *f. H.*
gestê *H.*   34 Was *H.*   37 do (= so) schôn *H.*   42 m. ouch
vil wol edel s. *H.*   46 Der *H.*   48 ist so g. *H.*

daz diu sunne nih*t* geschinen chan,
50 swa ir der nebel niht engan.'
der chater sprach: 'ist daz also,
so bin ich des nebels tohter vro.
sit er so groze chraft hat
daz er der sunne widerstat,
55 so gevellet mir sin tohter baz.
nu sage, ist aber iender daz
daz dem nebel ane gesige,
vor dem er siglos gelige?'
'ja', sprach diu vohe *sa*zehant,
60 'dir ist der wint wol bechant,
der ist des nebels maister wol.
wære des nebels ein lant vol,
swenne sich der wint ruret,
er verjaget und zefuret
65 den nebel in vil churcer frist,
daz nieman weiz wa er ist.'
der cahter sprach: 'daz ist gut,
so wil ich wenden minen mut
an des windes tohter umbe daz.
70 wie ode wa gefure ich baz,
sit im diu ere ist beschert
daz er so gwaltichlichen vert;
des wil ich siner tohter zu̇,
ê daz ich *in*der wirs getů.
75 ist iht dinges in der chrefte
daz des windes meisterschefte
mit siner chraft wider ste?
daz solt du mir sagen ê
als lieb ich dir ze freunde si.'
80 'ja', sprach diu vohe, 'ich weiz hiebi
ein groze alte ðde stein hus,
da hat der wint vil manigen sus
und manigen stoz an getan
und muz doch ez lazen stan.

---

49 nih. 50 Swas *H.* 59 sa *nur H.* 66 wa sin icht
ist *H.* 70 wa *f. H.* getet i. b. *H.* 72 so gewalte *H.*
74 nider. 77 chrefte *H.* 81 groz alt ode *H.* 82 vil *f. H.*

85 swie vil er da gesturmet hat,
   ez hat die chraft daz es noch stat.'
   der cahter sprach: 'sam mir min lip,
   so wil ich dehein ander wip
   wan des steinhuses kint,
90 sit der chreftige wint
   baz sturmet naht und tach
   und doch niht da gesigen mach.
   des huses tohter wilich nemen,
   diu muz mir aller beste gezemen.
95 hat aber iht dinges die charft
   da von daz *stein*hûs schadehaft
   immer mere werde?
   ist des iht uf der erde,
   da sage mir von etewaz.'
100 'ja', sprach diu vohe, 'ich weiz noch daz,
   daz dem steinhuse ane gesiget
   daz ez da nider geliget:
   ob der erde und darunder
   ist mûse ein michel wnder;
105 die hant die m*ure* so durch varn,
   daz si des niemen chan bewarn
   man mueze si schire vallen sehen,
   daz muz von den mûsen geschehen.'
   der cahter sprach: 'ich bin geil
110 und han ouch sælde und heil
   daz ich die rede vernomen han,
   so wil ich elliu wip lan
   und wil der mûse tohter nemen.
   iedoch la mich ê vernemen
115 ob sie ane sorgen leben,
   ist in iht meisters gigeben?'
   'ja', sprach diu vohe saze*stunt,
   'dir ist diu chaze wol chunt,
   diu ist der muse meister gar.
120 swa si ir werdent gwar,

---

86 dez.   87 chather *H*.   88 Sone w. i. kein *H*.   91 Da stur-
met *H*.   92 da niht *H*.   96 steinh. *nur H*.   99 von *f. H*.
105 mv̂se. *A*, mure *H*.   108 muz] wil *H*.   114 Iedoch *H*,
Daz *A*. *V. 114 nach 116 in A*.   117 sazehant *A*, -stunt *H*.

do fliehant si durch groze not;
swaz si ir gevæhet, die sint tot.
diu mach sich dir gelichen wol,
diu ist als richer tugende vol
125 und ist als edele als du bist.
swaz an dir zeloben ist,
daz ist ouch vollechlichen an *ir*.
du hast dich des gerumet mir,
ezn vinde niemens list
130 so edels niht so du bist;
nu merche rehte dine chraft:
diu catze ist als tugenthaft
an mute und an libe,
diu zimt dir wol zewibe;
135 dun maht ouch niht hoher chomen,
ich han daz fur war vernomen,
du hast dich selben geaffet
daz du so vil hast gechlaffet
und hast *mit* worten getobet,
140 daz du dich so vil ha'st gelobet
denne iht *daz* in der werlde si.
nu bin ich tiwer danne din dri
und weiz der tiere dannoch vil
den ich mich niht gelichen wil,
145 die verre tiwer sint danne ich.
chanstu niht erchennen dich,
so sihe et ein catzen an.
du *encanst* niht anders danne *si* chan,
swaz si *da* ist, daz bist ouch dů,
150 davon tu dinen munt zů!
du suhest einen toren,
vahe dich selben bi den oren,

---

124 also *H*. 125 edel *H*. 127 dir *A*, ir *H*. 128 wider (*getilgt*) mir. 130 Sie edels so d. b. *H*. 132 also *H*. 135 Dunen m. o. hoher niht *H*. 136 Wold ich iz vur ubel han genomen *H*. 138 Und hast zu vil geklæffet: ge effet *H*. 139 mit *nur H*. 140 gelobt *A*. Daz du dich hŏher hast ʒelobet *H*. 141 Dan i. daz *H*. 143 tier. 148 si *f. A*. Ďu enkanst niht wan daz si kan *H*, canste *A*. 149 da *nur H*. 152 Vach dich bi dinen ôren *H*.

so hastu in vunden iesa,
er ist vil vollechlichen da!
155 do cherte der cahter wider
und lie sin hohe gemute nider,
do er bevant wer er was,
und was vil vro daz er genas.
   Alsam geschiht dem tumben man
160 der daz niht bedenchen chan,
wer er ist und war er sol;
dem erget ez selten wol.
swenne er sich so vergahet
daz er diu dinch versmahet,
165 diu im zemazze wærn
und sælde und eren bærn,
und so tumbe selde suchet
daz er der dinge ruchet
der er niht mûten solde,
170 ob er sich erchennen wolde,
der hat sich selben uber sehen,
dem sol zerehte geschehen
als dem cahtern geschach,
der im zehoher wirde jach;
175 daz wart im missebriset
und wart des under wiset
daz er der chatzen was gelich;
do erchande er und schamt sich.
also mûz sich ein man schamen
180 dem man sin rehte und sinen namen
mit schanden czeiget und sagt
so er ze ho*he v*erte iaget.
swie lange sich ein cahter wert,
ist im niht ein catze beschert,
185 so mage er michel wirs gevarn:
jeglich man sol sin reht bewarn.

---

156 hochgemûte *H.*   164 versmæhet *H.*   165/166 waren:
baren *H.*   174 zu hôher *H.*   175 -priset *H.*   178 scham-
te *H.*   180 recht *H.*   181 sagt] schamet *H.*   182 zu hohe
verte *H*, zehoferte *A.*   184 niht *hinter* catze *H.*   185 mag
er michel *H.*   186 Ein man der sol *H.*

3. Die Katze

Daz ist ieslicher catzen mût:
sehe si vor ir unbehût
wol hundert tusent ezzen sten,
si wolde zu in allen gen.
5 daz si niht gezzen mohte
und ir zenihte entohte,
daz machet si doch unrein,
daz si wrden elliu gemein
den luten ungenæme
10 und ze ezzen wider zæme.
   Alsam tut ein unreiner man
der nimmer sovil wibe enchan
gwinnen als sin herce gert.
er versuchet wert und *un*wert.
15 die er niht minne mac gewern,
die wil er dannoch niht verbern,
er benaschet bose und gut.
diu sines willen niht entut,
der wil er doch wârt machen
20 und wil si damit swachen
daz si im zejungist werde reht.
er minnet chrump und sleht
und hat vil gar der catzen sit;
bejagt er catzen lob damit,
25 daz dunchet mich vil billich,
er tut der catzen vil gelich.
ir beider werch bewærent wol,
daz man ir lop gelichen sol.

3. *A Nr.* 42 *Bl.* 31ʳᵃ; *H Nr.* 146. *Hahn S.* 1*f. Goedeke*
2. *Aufl. S.* 644 *nach Hahn. Lesaa. von H nach Hahn.*
Überschrift in H: Ditz ist von den katzen Die bizen vñ
kratzen. 2 vnbehvt *H*, vmbe hût *A*. 3 Wol *f.* 5 Daz]
des *H.* möchte : entöchte *H.* 7 vnreine : gemeine *H.* 11 Also
H. vnrein *H.* 13 Gewinnen so sin *H.* 14 un- *nur H.*
15 niht] mit *H.* 17 benachet. 20 sie dar vmbe *H.*
22 chvrmp. *A.* Er vnreinet *H.* 27 geweret *H.* (*Hahns Lesaa.*
24 lobt *und* 28 lopt *stimmen nicht: beide* t *sind in der Hs.*
unterpungiert.)

4. Der unfruchtbare Baum

Swelch boum des bludes wnder birt,
da doch *niht* obzes uf wirt,
des blůen wirt schiere unmære.
er glichet dem lugenære,
5 der mer geheizet danne vil,
des er doch niht geben wil.
des bŏm blůt und jenes geheiz
daz ist mir rehte als ich wol weiz.

4. *A Nr. 43, Bl. 31ra; H Nr. 148. Hahn S. 2. Lesaa. von H nach Hahn. Überschrift in H*: Ditz ist ein mere von einem lvgenere. 1 der blvm̄ *H.* 2 niht *nur H.* obezes ufe *H.* 5 mere *H.* 6 doch geben niht enwil *H.* 7 bovmes blven und sin g. *H.* 8 Die sint mir beide ich wol weiz *H.*

5. Die Sommerlatte

Daz ist der sumerlatten tugent:
swar si sich neiget in der jugent,
swie groz si immer werden chan,
ir schinet daz erste nigen an.
5 stet si des ersten uf reht,
swie groz si wirt, si ist immer sleht.
    Daz si den kinden vor gesaget:
swelich wort der junge man bejaget,
sol er hundert jar leben,
10 *daz muz im immer ane kleben.*
wirt sin lop zem ersten gut,
ist daz er darnach missetut,
da wirt vil lutzel von geseit;
tut er dehein frumeheit,
15 so chumt daz erst lop herfur
daz man in lobt mit frier chur.
wirt er zem ersten unwert,
swenner darnach eren gert,
des mach man im gelouben niht;
20 missetut er iemer iht,
so wirt diu erste schulde gezalt
und wirt sin schulde zwivalt.

---

5. *A Nr. 44, Bl. 31ra—rb*; *H Nr. 149. Haupt Altd. Bll. S. 14f. nach A*; *Ros. S. 122. Lesaa. von H nach Ros. Überschrift in H*: Hie hebet sich ein mere an von einem jungen man. 5 rechte : slehte *H*. 6 sist *H*. 7 geseit : bejait *H*. 8 Swelch *H*. 9 *u. 10 nur in H*. 11 *u.* 17 zu dem *H*. 14 frumikeit *H*. 15 erste *H*. 16 lobet *H*.

6. Der Wolf und das Weib

Eines nahtes do daz liut slief,
ein wolf in ein dorf lief
und suchte sine spise
in eines diebes wise
5 als noch sine gelichen tunt.
vur ein huse er gestunt
und gedahte nach gewinne.
do hort er ein wip inne,
diu het ein weinnendez kint;
10 sin mutter sprach: 'des erwint
ode ich trag dich hin fur,
da stet ein wolf an der tur,
dem wirfe ich dich iezu dar.'
des nam der wolf guten war,
15 frölich er umbe sich sach
und wande alwar, do sie sprach
'nim, wolf, ditz kint hin',
daz tet si niht wan durch den sin
daz ez durch forhten geswige.
20 nu seht wes sich der wolf zige,
daz er sich selben æfte
und gein dem kinde chafte.
der erste der in do gesach,
do der tach uf gebrach,
25 der tet iz den gebouren allen chunt.

6. *A Nr. 52, Bl. 38ra—rb; H Nr. 161; K Nr. 154; M Nr. 36. J. Grimm; R. F. S. 330—333; nach Grimm Goedeke 2. S. 646; Müllenhoff: Altd. Sprachproben (4) S. 121. Lesaa. von H u. M nach Grimm, von K nach Haupt: Altd. Bll. S. 8. Überschrift in HK:* Ditz ist von dem wolfe ein mer Daz leret uns der Stricker. *mere:* Strickere *K. In M:* Swer bite daz betlich ist Der wirt gewerte ze maniger vrist. 1 Dez nahtes do liute *M.* 5 geliche *M.* 6 stunt *H.* er dar inne *M.* 10 Do sprach sin (di *M*) m. *MK.* 11 trage *HKM.* 14 wolfe gut *M.* 16 daz si *M.* 17 Nima *H.* ditz] daz *M.* 18 si wan uf den *M.* 19 forsten *A.* durch die vorhte *M* 22 gegen *HK.* 23 sach *K.* in ersach *M.* 23/24 *in HKM umgestellt.* 24 unz daz der tac uf brach *HM.* 25 leuten *M.*

do chom manich gebour und manih hunt
umbe den hof und dar in,
do waere der wolf gern hin,
ez begunde im ubel da behagen.
30 er wart gebizzen und geslagen,
daz er vil chome danne quam
und da sin ende niht ennam.
er lief da er sine wlpen vant.
diu begunde in fragen zehant
35 waz im leides wær geschehen.
er sprach: 'des wil ich dir verjehen,
des enist öch widerrede niht,
mir ist geschehen als den geschiht,
swer den wiben zeverre geloubet,
40 der wirt siner sinne beroubet.'
daz sprach der *wolf* durch den zorn
er het nach den lip verlorn,
ez mage ouch dem wol sin gelich.
  Ich wæne wol ich æffe mich,
45 mûte ich des an einen frômden man
der min niht vil geniezzen chan,
daz er gerne und drate
sinen friunt gein mir verrate.
daz ist ein chlein wnder,
50 erget ez mir dar under
als es dem tumben wolf ergie,
do man in vaste umbe vie
und er vil chôme danne quam
und da sin ende niht ennam
55 und chûme behielt sinen lip
durch daz er wolde daz im ein wip
ir eigen kint hiet gegeben,
daz gie im nahen an daz leben.

---

26 man unde hunt *HK*. 30 geslegen. 32 enmā. 33 wul-
pin *H*, sin wip *M*. 37 Des en ist *HK*. 40 Der ist *HM*.
41 wolf *f*. 42 Der hete *H*, Er hete nahen *M*. 43 wol]
wolve *H* (*A hat nicht, wie Grimm angibt,* wolve, *sond.* wol).
Ez mag wol sin dem g. *M*. 44 afte *M*. 49 niht ein *M*.
50 Ergete ez mir besunder *M*. 51 wolfen *K*. 53 von
danne *M*. 55 behapte *H*. 56 im *f. M*. 58 nach *H*.

    ein man sol betlichen gern,

60 den mach man deste baz gewern;

    swer unbetlichen gert,

    der *hat* sich selben gar entwert.

---

59 betlich *HM*.   60 dester *K*.   61 unbetlich *H*.   62 hat
ſ. *A*. gar ſ. *H*.

7. Der Wolf und die Gänse

Ein wolf der chlatte groze not
daz er so diche den tot
mit sinen ougen ane sach.
wider sich selben er sprach:
5 'daz ich so lange ie genas
so unsælich so ich was,
daz ist ein wnder gewesen.
nu entrowe ich langer niht genesen,
min unsælde hat zu genomen
10 unz ir zesamene ist chomen
ein samenunge also groz,
daz nie dehein min genoz
so vil unsælde gewan,
daz ich mich deheines tages chan
15 beschirmen vor der grozzen not,
mir ensei der grimmige tot
als nahen sam daz leben.
des war nu wil ich uf geben
beidiu steln und röben
20 und wil mich gar gelouben
aller slahte untriwen
und wil mich lazzen riwen
des ich mich ê under want,
und wil mich heven in ein lant
25 da man mich nie mer gesach
noch nieman leit von mir geschach.

7. A Nr. 53, Bl. 38rb—39rb;   H Nr. 188; K Nr. 174.
J. Grimm: R. F. S. 315—321; nach Grimm Goedeke 2. Aufl.
S. 644—646; Meyer-Benfey S. 41—46, H mit Lesaa. von
A und K. Lesaa. von H nach Meyer-Benfey, einzelne von
K nach Haupt: Altd. Bll. S. 7. Überschrift in HK: Ditz ist
von dem (einem K) wolfe vñ von (f. K) den gensen ein
(hubsch K) mer (mere K) Daz leret der Stricker. 1 klagte
grôze H.   2 si.   5 svst H.   6 vnselich als i. H.   8 entrau
ich lenger niht H. nih A. 9 genvmen : kvmen H. 11 also]
ist so H.   15 von d. grozen H.   16 Mirn si H.   17 Also n.
so d. H.   18 Deiswar H.   19 bediv A, beide H. 23 Daz
ich mir ie u. H, Daz ich mich ir ie K.   24 heben H.
25 me H.   26 mir f.

da wil ich als ein schaf gan
und wil so gut sit han
daz die liut alle muezzen jehen,
30 si haben so gutes niht gesehen.
so denne uber daz lant
min stætiu gute wirt erchant,
so werdent si mir also gut
daz man mir leides niht entut
35 und lazzent mich an alle not
leben unz an minen tot.'
als er gedahte disen list,
do sûmt er ez dehein frist,
er cherte von danne zehant
40 und hub sich in ein ander lant,
da newolt er rouben noch steln
und enwolde sich niht langer heln
vor phaffen noch vor leien.
ditz was in einem maien.
45 do chom er da ein grune gras
wnnechlichen ensprungen was,
dar under blumen und chle
zwei hundert gense ode me
die warn an daz gras getriben
50 und ane hûete beliben.
zu den gensen wolde er gan
und wolde si mit fride lan,
daz er ŏch fride hæte,
so er niemen niht tæte.
55 die gense warn junch und alt.
do warn die alten so balt
durch jungen gense liebe
daz si dem alten diebe

---

28 gvte site *H*.   29 levte *H*.   30 Sinen *H*.   31 denne
da *H*.   32 wir *A*. stete gŷte wirt bekant *H*.   35 lant *H*.
37 gedacht *H*.   38 ensŷmet *H*, Donen soumt *K*.   41 Danen
wolt *H*, Donen *K*.   42 Und] Noch *H*.   43 Weder vor *H*.
44 Daz *H*.   45 Do qvam er do ein grŷn (grune *K*) *HK*.
46 Wunneclich entsprvngen *H*.   48 oder *H*.   50 Vn̄ waren
an (ane *K*) hvte *HK*.   52 wolt *H*.   53 D. o. e. v. *H*.
54 nieman n. entete *H*.   57 Dvrch der Jvngen *H*.

niht vertrugen disen ganch:

60 si machten die chragen lanch,
si lieffen dar und bizzen in.
also wart er von *drin*
vil ubelich enphĕngen,
si begunden an im hangen

65 und slugen in mit dem gevidere;
do entet er anders niht da widere
wan daz er daz hŏbt nider hie
und bi in als ein tore gie.
do ersa*hen* in aber schire

70 ander gense vîere,
die lieffen zornchlichen dar.
da warn mer denne zweinzec schar
der gense die da giengen
und in alle samt geviengen

75 in bŏch, in siten und in die waden.
also wart er uber laden
wan er da wider niht enbeiz,
do wart den gensen also heiz
daz si in bizzen deste me.

80 do tet im diu sorge we,
ob die liute dar quæmen
da si im den lip næmen.
da wart ein solhe gedense,
do im so vil der gense

85 gehiengen in siner hiûte,
daz ez vil wol die liute
in dem dorf alle sahen.
do begunden si dar gahen.
da wolde er von den gensen gan

90 und hete in leides niht getan;

---

60 den kragen *H*. 61 Vñ liefen *H*. 62 von drin *H*, in *A*.
63 vbelichen *H*. 65 gevider : wider *H*. 66 anders *u.* da
f. H. 67 hovbet *H*. 69 ersach *A*. 72 me H, mer *K*.
75 die *f. H*. 77 Wand er der wider *H*, *K = A*. 78 Des
w. d. g. so h. *H*. Des *K*. 79 dester *H*. 82 Daz si im
daz leben nemen *H*. 84 der *f. HK*. 85 Gehangen an *HK*.
87 dorffe *H*. 89 Do wold er *H*. 90 Vñ enhet *HK*.

do hiengen si sich so vaste
daz er von dem selben laste
von der stet niht mohte chomen,
des heten si im den lip benomen.
95 die liute dar zu lieffen,
si schreiten und rieffen
ir hunden da mit grimme.
als er die selben stimme
und ouch der hunde wart gewar,
100 do gripht er her unde dar,
so sere vorht er daz geschrei,
und beiz in die hælse enzwei
untz in deheiniu mûte.
do gedaht er in sinem gemute,
105 'ich sihe wol ich bin genesen,
ich mohte ouch zegute wesen
daz niht so boeses wære,
ez wrde mir gevære
und treete mich under fuzze.
110 ez zimt niht mære suezze
weder iu noch anderm vihe,
swaz ich des iemer me gesihe,
da ichz uber winden mach,
ez si sin jungister tach.
115 sit mir diu gute niht enfrumt
und mir diu ubele zestaten chumt,
so wil ich iemer ubel wesen,
sit ich deste baz mach genesen.'
sus cherte er dannen balde
120 und hup sic*h* hinze walde.

---

91 Do hangten sie so v. *H.* 93 kvm̄ : genvm̄ *H K.*
94 si *f. H.* 95 levte die zv liefen *H K.* 96 Sie *H.* 97 dar *H.*
98 er der s. *H.* 100 Da grifpte *H,* gripffet *K.* 101 den
schrei *H.* 103 in nie deheine enmv̂te H, in me (= nie)
me keine gemute *K.* 104 mvte *H.* 106 mochte iloch so
gvt w. *H.* ouch *K.* 108 Ezn *H.* gewere *K.* 109 tret m.
v. die fv̂ze *H.* 110 Ezn wirt niht me so sv̂ze *H.* 111 evch
H, W. ich n. *K.* 112 des immer g. *H.* 113 Daz i. ez *H.*
114 Ez ist sin *H.* 115 Sit mir die gv̂te frvmet *H K.* 116
Vnde m. die vbel zv *H.* kumen *K.* 117 Nv *H K.* 118 des
H, Sint i. dester *K.* 119 Svst chert *H K.* 120 si.

> Die rede wil ich iu ^{be}diuten:
> ez enist an allen liuten
> niht ze tun diu tat
> die der wolf getan hat.
> 125 ez ist jegeliches mannes reht,
> er sî riter oder chneht,
> von den ez so gewant ist
> daz *in* deheinne slahte list
> baz ne hilfet noch me,
> 130 so daz er in vaste wider stê
> di den er sich begen sol,
> dem chumt ubele harte wol,
> wil er den entwichen
> den er vaste mûz gelichen.
> 135 mit wider satze und vientschaft
> si gewinnen uber in so grozze charft,
> als ouch die gense taten
> do si dem wolfe haten
> vil nach verloren sin leben,
> 140 do er in fride het gigeben,
> daz râu in darnach iemer mê.
> swes dinch zewider satze ste,
> der setze sich hin wider ê,
> e daz ir wille an im ergê,
> 145 die im sin ere wellen nemen,
> e daz si in uber quæmen.
> leit ein man mit eren tot,
> daz ist ein loberlicher not,
> denne er sin ere uf gebe
> 150 und dar nach læsterliche lebe,
> so er vil schande erwirbet
> und in den schanden stirbet,
> man enwelle iz danne verchern,
> so læge er baz mit eren.

---

121 evch devten *H.*   122 Ezn ist allen den levten *H K.*
123 zv tvn *H K.*   125 Ez ist einem manne reht *H.*   127 Vmb
den *H.*   128 si *A,* in deheiner *H.*   129 enh. *H.*   132 die
vbel *H.*   135 wider satz vn̄ mit vintsch. *H.*   136 So gewin-
nent *H.*   138 den wolf *H.*   139 v'lorn *H.*   140 Daz *H K.*
hete geg. *H.*   145 wellen *f. H.*   146 Ob si in *H.*   147 Lit *H.*
148 lobelicher *H.*   149 Danne *H K.*   150 lesterlichen *H.*
151 schanden *H.*   153 verkeren *H.*

8. Der Wolf und sein Sohn

Ein wolf zu sinem sun sprach:
'ich han so grozzen ungemach
der mir an min herce gat,
des hete ich gern dinen rat
5 umbe ein heimlichiu not,
diu ist noch grozzer denne *der* tot:
ich han mit armer liute schaden
sunden vil uf mich geladen
noch mer denne ein michel teil
10 und han daz ewige unheil
miner sæle gechouffet,
diu muz iemer sin besouffet
in dem ewigen abgrunde
ich engebûzze min sunde.
15 des han ich grozze riwe,
diu sol ouch iemer niwe
mit guten werchen schinen.
ich wil den lip minen
vor deheiner buzze sparn,
20 ich wil also in harnscharn,
daz got an der riwe
wol schowe mine triwe.'

8. *A Nr. 54, Bl. 39ʳᵇ—40ʳᵇ*; *H Nr. 189*; *K Nr. 175*; c
*Bl. 50—52. J. Grimm: R. F. S. 321—328; Schädel-Kohl-
rausch S. 52 nach Grimm; A. v. Keller Stuttg. Lit. V. 35 (c),
S. 497—502. Lesaa. von H nach Grimm, von K nach Haupt
Alt. Bll. S. 7f., von c nach v. Keller (stimmt c mit einer
andern Hs. überein, so wird die rein lautliche Abweichung
nicht besonders vermerkt). Überschrift in H*: Hie ist wie ein
wolf waz der einen esel vur einen krebz az; *in K*: Hie gaz
ein wolf einen esel vur einen krebsz; *in c*: Von dem wolff,
seinem sun vnd von dem krebs. 2 so gr.] ein solche *Hc.*
3 Daz (ez *c*) mir *Hc.* 4 Ich het sein gern *c.* 6 der *f. A.*
Die mich beswert sam der t. *c, dann in c*: Die wil ich dir
entsliessen Nu lasz mich sein genieszen Daz vnser trew
grosz seint Rat mir wol liebes kynt. 8 vil *f. H.* (*c = A*).
12 iemer *f.* beslauffet *c.* 13 der helle abgr. *c.* 15 Dar
vmb h. *c.* 16 ouch *f.* c. uch *K.* 20 harnischarn *H.* jn also
hart scharen *c.* 22 Mag schauwen *c.*

der sun sprach: 'lieber vater min,
da sint din witze schin,
25 ich hore vil wol an dir
dir ist zemute alsam mir,
mine sunde riwent ŏch mich.
nu bistu alter danne ich,
ich wil den rat von dir vernemen
30 da sul wir die cherrine nemen.'
so sprach der alte wolf zehant:
'*des wirdestu von mir niht gewant.*'
do sprach sin sun der junge:
'ich hore wol din zunge,
35 diu wil zeminem træhtin.'
zehant wart diu kærrin
genomen von in beiden.
sus wolden si sich scheiden
von dem ewigen slage,
40 unze hin zemittem tage
daz enbizzens zit was,
do begunden si an ein gras
zu einem wazzere gan.
da sahen si einen esel stan
45 bi einem wege und ezzen,
des het got vergezzen.
des wart der alte wolf gewar,
sinem sun zeiget er dar.
er sprach: 'sihe an, sun min,
50 uns enwil min træhtin
dar umbe niht verderben lan
daz wir daz vleisch versprochen han:

---

23 lieber *f. c.* 24 Dein wicz seint worden scheyn *c.* 25 vil
f.c. 26 als *H.* 27 ŏch *f. c.* 28 Nŭ — denne *K.* 29 Den
r. w. i. *c. Statt 30 in c*: Vnd wil mich dez nit scheymen.
30 kerin *H,* kerrin *K.* 31/32 fehlen *A, erg. nach Grimm.*
31 wolf *f. HK.* 32 wirstu Kc. niht g.] vngewont *c.* 33 Do
f. H. 35 Wil zue vnserm *c.* 36 Sus w. *HK,* Also w. die kür
sein *c.* 37 Versprochen *c.* 38 Vnd w. *HKc.* si *f. c.* 40 Der
wille werde uff m. t. *c.* Untz *H.* 42 Da kwamens an e. gruen
gr. *c.* 43 einen *A.* gegan *c.* 44 Do *K.* 45 Bey dem wasser
e. *c.* wage *H,* wagen *K.* 47 Der alt wart sein g. *c.* 48 Und
zeicte (zeüget *c*) s. s. (sune *c*) d. *Hc.* 49 sich sun *H.* warta
s. *c.* 50 Üns w. *K,* Unserre wil *H,* Vns wil unser *c.*

den chrebzem hat uns got gesant
her uz dem wazzer an das lant.

55 ich gesach nie chrebzem merre,
   got ist ein rehter herre
   daz er uns berætet so frû.
   nu louf du wazzers halp zů
   daz er in wazzer iht envar,

60 so nim ichs veldes halbes war.'
   den rat lopten si do,
   des wart der esel vil unvro,
   den erbizzen si und azzen
   daz si niemen entsazzen,

65 und wanden wol sin genesen
   wan ez ein chrebze solde wesen,
   also si beide jahen,
   swie wol siz doch sahen
   uzzen an siner hiute.

70 do warn ir die liute
   vil wol warden gewar.
   die riten unde lieffen dar
   so si aller beste chunden
   wol mit zweinzec hunden.

75 do si begunden nahen
   und daz die wolfe sahen,
   do fluhen si von dan.
   nu schrei man si vaste an,
   den hunden wart unmazzen gach,

80 die liute ranten vaste nach.
   do daz der alte wolf ersach,
   zu sinem sun er do sprach:

---

53 Eynen krebs h. er v. g. *c*. Jenen krebz *H*. 54 Her *f*. *c*.
55 Ichn-krebez *H*. geschach *A*. sülchen krebs *c*. 56 Dar
vmb i. g. *c*. 58 Nu *f*. *HKc*. Loufa w. *H*. weges halben hin
zue *c*. 59 vns jn daz w. *c*. var *Kc*. 60 ich sein f. halb *c*,
ich v. halben *H*. 62 vil *f*. *HKc*. 63 Sie e. jn u. *c*. 64 si sich
nicht e. *c*. nieman *K*. 67 Als beident samt *K*, So s. pey-
de da *c*. b. samt *H*. 68 Wie w. si ez vers. *c*. 69 an
der hevt *c*. 70 Nu w. *c*. 72 Sye *c*. 73 allerbaldest *K*,
baldest *H*, ymmer pald. *c*. 75—78 *f*. *c*. 76 U. do daz *K*.
77 Du *A*], Zehant *HK*. 78 Do *K*. 79 D. h. den waz
sere g. *c*. wart gar g. *K*. 80 vaste *f*. *HK*. 82 do *f*. *K*.

'sag an, min trût geselle,
waz bediutet daz geschelle?
85 ich wæne wir haben missetan:
dem chrebzen den wir gaz han,
daz mohte wol ein esel sin,
daz ist an disem liute schin,
daz uns so freislichen jaget.'
90 'daz *hæt* ich dir vil wol gesaget,'
so sprach der junge, sin kint,
'*w*an daz *din* witze grozzer sint
und ich dir wol gelouben sol.
ich erchenne einen chrebzen wol,
95 der ist so groz niht so ditz was
und get so ninder an daz gras.'
er sprach: 'nu warte hinder dich,
du gesihest michel baz denne ich
wie uns die hunde meinnen
100 und lazze*n* ir ninder deheinnen,
dune sagest mir rehte waz er tŭ,
dar nach rate ich uns darzu.'
do ditz der junge gesach,
zu dem alten er do sprach:
105 'si bellent mit schalle
und sterzent uf alle
di zægel und ouch diu hŏbet;
die habent uns schrire betŏbet.
ir ist ein vil michel her,
110 si erbizzent uns wol ane wer,
da lŏfent zwene vorn,

---

83 Warta traut g. *c.* 84 deutet ditz *H.* 86 Den krebez
HKc. geaz *H*, gessen *c.* 89 D. sie u. — jagent *c.* so *f. H.*
90 hæt *f. A.* vil *f. K.* ich vor wol *c.* 91/92 umgestellt *c.*
91 Spr. dez alten wolffes kynt *c.* 92 Nan daz witze *A.*
dir w. *H.* Dan — grosz *c.* 93 Wan i. *c.* 94 erkant *c.*
95 Dern *H.* alz — alz *c.* diser *K.* 96 nit also *c.* uf daz *H.*
97 nu *f. c.* 98 Nym eben war vnd sych *c.* michel *f.* dan *K.*
100 lazze *A,* U. enlaz ir *H.* U. laz ir niendert keinen *K,*
U. laz ir auch keynen *c.* 101 Dunen *HK.* mir *f. c.* 103 Da
daz d. j. wolff *c.* 104 do *f. HK.* 106 scherczen *c.* 107 ouch
f. c. 108 Vnd h. *c.* schiere *H.* 109 Wan ir *c.* vil *f. c.*
110 vns an alle were: here *c.* 111 vorn he *A* (*wohl* her
von Z. 109).

ichn weiz, weder *ez* von zorn
oder wa von daz aber geschiht,
di swigent und bellent niht,
115 ir houbet lazzent si nider.
die andern habent alle wider,
die zwene strebent fur sich,
ir gahen daz ist freislich.
die zægel habent si ingesmogen
120 als ein bolz von dem bogen,
sus gahent si her.'
'owe, lieber sun', sprach er,
die da loufent so swinde
sich, daz sint zwen winde,
125 die zwen die sint unser tot.
nu solt du flihen durch die not.
du bist vil junch, daz ist war,
und maht noch leben manich jar;
ich muz den lip uf geben,
130 ichn mohte doch niht mere leben,
ich bin alt und ungesunt.
nu chusse mich an minen munt
und lôf dinen strazzen,
ich muz mich bizzen lazzen,
135 des mach dehein rat sin,
und bit unsern træhtin
daz er mir die sele bewar.'
do giench der junge wolf dar,
dem alten er den munt bot;
140 des chom er in die grozsten not:
do er ie mer inquam,
den sun er *bi der* cheln nam

---

112 ez *f. A.* weiz ob ez vor z. *c.*   113 wo von ez g. *c.*
aber daz *H.* aber *f. K.*   114 Sye sw. *c.*   115 Die h. *c.*
hengent *Hc.*   116 hant *c.* ez alle *c.*   117/118 *f. c.*
120 Sam *H.* dem] einen *K.*   121 Also vliegent *Hc.* da
her *H.*   122 lieber *f. c.*   124 Sich *f. Ac.* Daz selbe seint *c.*
126 von der (diser *c*) not *Hc.*   127 vil] noch *c.*   128 noch
f. c.   130 mere] lenger *K*, lange *c.*   131 Wan ich *c.* 133 l. du
dan dein *c.* din *HK.*   135 Desn m. gesein *c.*   136 bite *H.*
pit du *c.*   141 ie me *H,* mer *f. c.*   142 bi der *Kc,* in
die *A.*

und beiz in also sere
daz er niht langer mere
145 gefliehen mohte noch geleben.
do begunde der alte geben
die fluht gegen dem walde.
die winde chomen balde,
den jungen si an lieffen,
150 vil mangen biz tieffen
begunden si im schrire geben,
unz daz si im daz leben
vil gar heten benomen.
do was der alte hin chomen
155 zewalde do er wol genas.
swie liep im der sun was,
do ez im gie an die not,
do verchlagt er lihte sinen tot.
　　Swer noch wolves triwe hat,
160 den sol man schiuhen, daz ist min rat.
swer sich zegute an in verlat,
so ez an die rehten not gat,
so gestete er nimen bi,
swie liep im der mach sî,
165 ern wil sin niht engelten
und entwichet im vil selten
die wile er sin geniezzen mach,
chumt aber der tach
daz er gut und leben
170 durch in zewage sol geben,
des hat er deheine volleist;
sin vil triwe loser geist

143 so *c*. 144 langer *f. c*. furbaz *K*. 146 Vnd begond
da vil trat g. *c*. 147 gein *K*. 148 begunden b. *c*. 149 j.
son *c*. 150 Und(e) m. *HK*. magen *A*. Vil *f. c*. 151 schire
f. c. 152 U. si im do d. *H*. Byz sie ym volle d. *c*.
153 Vollen h. gen. *H*. Vil gar *f. c*. 154 Da mit w. *c*.
155 vil wol *c*. 156 wie *c*. 158 er seins sons tot *c*. 159 noch]
nu *c*. 160 schenden *c*. 161 wer sich zu gar an in lat *c*, Swer
sich ze gar an in lat *KH*. 163 Sonen stet *H*. niemant *K*.
164 der man *Hc*. 166 Ern twichet *H*, Er entw. *K*. vil *f. c*.
168 aber etwan *c*. 169 und] oder *c*. 170 An die wag
müesz *c*. solte g. *K*.

der gemachet in so blint,
het er tòsentstunt ein kint,
175 er geswichet im ane riwe;
deheiner slahte triwe
darf sich niemen an in versehen.
des ist im ubele geschehen,
der dem ungetriwen man
180 ninder entwichen chan,
swen er salbet, daz ist ein schach,
den erwrget er dar nach,
wan er daz niht verlazzen chan
ern zeige im doch des wolves zan.

---

173 also *c*.   175 geswiche im *H*, gesweigt in *c*.   176 slah-
te] ganzen *Hc*.   Keiner ganzer treuwen : rewen   *K*.
177 Darff er sich nicht v. *c*, nimmer zu im *HK*
178 Wan ym ist *c*.   179 den *c*.   180 Niht e. *H*, Nicht
wol e. *c*.   181 Wen er lobt, dem zeucht er schach *c*.   Vnd
verretet jn d. *c*.   183 Daz er daz *H*. er nicht gelaszen
c. verhoren (= verberen?) *HK*.   184 doch *f. HK*. Er der-
zeuge ym dez wolffes zan *c. In c dann noch 6 Zeilen*: Da-
mit erbeiszet er seinem nehsten iemerlich Ach herre got
von hyemelrich Vergib vns allen vnser missetat Die vnser
blöde menscheit begangen hat Vnd geleit vns hyn zue
hiemelrich Da wir leben ymmer vnd ewiglich.

9. Der Wolf und der Bauer

Einen wolf den jaget ein wilder man,
do flohe er angestlichen dan
unz da er einen gebourn vant,
der het ein gabeln in der hant
5 und suberte sin heu da.
do sprach der wolf iesa:
'hilf mir behalten min leben,
ich wil dir guten fride geben,
dar zu solt du ane schaden sin
10 von allen den genozzen min.'
'nu ginch zu dem schober her
und slĕuf dar in', sprach er,
'wil du min friunt iemer wesen,
ich wil dir helfen genesen.'
15 'ja', sprach der wolf wider in,
iedoch het er den sin
daz ers chærchlichen ane vie
und hinder sich in den schober gie,
daz er horte und sæhe
20 waz im hie vor geschæhe.
do der wilde man zulief,
den gebourn er vaste an rief,
wa der wolf hin wære.
do zeigte der triegære
25 mit der hant anderswar

---

9. *A Nr. 55, Bl. 40ʳᵇ—ᵛᵃ*; *H Nr. 192*; *K Nr. 178*; *L Nr. 255*. *J. Grimm*: *R. F. S. 328—330*, *AHL*; *Goedeke S. 651 nach Grimm*; *Laßberg*: *LS 3, S. 611 f.*; *Weinhold Mhd. Leseb. 1875 S. 142 f. Lesaa. von H nach Grimm, von K nach Haupt: Altd. Bll. S. 8, von L nach Laßbg. Überschrift in H*: Ditz ist ein hubsch mere von einem wolfe zu lere, *in K*: Ditz ist von einem wolfe ein mer Daz leret uns der Stricker. 1 den *f. HKL.* 2 vlog *L.* 3 da] daz *H, f. L.* 5 schubert *H,* schütt *L.* 8 dir wil *A.* 9 du *f. L.* 10 Vor *L.* 11 gang — schochen *L.* 14 So wil ich h. dir g. *L.* 15 Ja] Da *L.* 17 træglich a. vieng : gieng *L.* 18, 27, 30 schochen *L.* 19 hort oder *H̄K.* hort u. sach *L.* 20 dar nach beschach *L.* 22 gepuren er vast *L.* 24 trůgnâr *L.* 25 Mit siner *H.* siner *L.*

und wincht mit den ougen dar
in den schober da der wolf saz.
der wilde man uber sach daz,
daz er winchte so tŏgen
30 in den schober mit den ŏgen,
und lief er nach der hant hin,
daz was des wolves gewin.
do er so verre chomen was,
daz der wolf wol genas,
35 er gie her fur vil vro.
zu dem gebourn sprach er do:
'din hant muzze iemer sælich sin,
so muzszen aber diu ŏgen din
die al unsælde und daz leit haben
40 daz si dir werden uz gegraben;
in was so leit min genesen,
daz ich des fliezzich wil wesen
daz sie des niemer niht gesehen
des si zefreuden mugen jehen.'
45 daz er dem wolve daz gehiez
daz er doch ungern war liez,
daz was ein grozzes wnder niht.
ditz was ein angestlichiu geschiht
daz man den liuten sam tut,
50 so einer triwe und gut
dem andern geheizzen hat,
daz sin gemute so stat
daz er des niht wil vol varn,
swer sich da vor wil bewarn,
55 den hat der wolf geleret.
het er sich niht gecheret
her fur, so muse er tot wesen.
also sol ein man genesen
den ein ungetriwer treutet

---

31 Nu l. *L.*   34 wol vor im *H, L = A.*   39 al *f. H.* Dů
unsåld haben *L.*   44 frevnden *A.* muezzen *L.*   45 Wissent
daz der wolff g. *L. Das 2.* daz *f. HK.*   46 doch *f. HKL.*
leiz *A.*   47 Daz en ist *HK.* groz *L.*   48 ist *L.* angelichiv *A.*
49 alsam *L.*   50 Da *L.* 52 so] also stark *HK,* denn nicht
recht *L.*   53 wol wil varn *K.*   57 Hin fur so must er *K.*

60 und im grozzen dienest beutet,
  so sol er stap under uhssen han
  und sol sich niht gar an in lan
  unz er vil wiselichen ervar
  sines hercen willen gar.
65 swederz danne im bi si,
  triwen vol und triwen vri,
  dabi erchenne er denne wol
  des er sich an in lazzen sol.

---

61 stab und taschen *H*. 62 ensol *H K*. 64 w. vil gar *H*.
65 an im *H*. 66 und] odr *H*. 68 Wez *H*. *Von Vers 52 an*
hat L: Das sin gemůt denn nicht recht stat — daz ist nu
och der welt loff — dar umb vint nieman rechten koff —
me ze disen ziten — wann jm wil nieman bitten — syd
dů welt so arg ist — mit boshait vnd argem list — waz
iempt dem andern gehaist — das er daz mit valschhait
laist — als gelang dem wolff mit dem geburen — dez muoz
nu manger truren.

10. Die Eule und der Habicht

Ein ôwlle zu einem habche sprach:
'swaz ich vogel ie gesach,
der geviel mir nie deheiner baz,
ich wil dir sagen umbe waz:
5 du bist zewnsch wol getan,
ich sach nie habch baz gestan
noch chlawen sam die dienen, (!)
dehein vogel darf die sinen
niemmer zu dir gelichen,
10 si muzzen dir alle entwichen
an frûmcheit und an tugende,
din werdicheit hat iemer jugende.
swer dir gap lip und leben,
der chan vil herlichen geben,
15 er ist so erbære,
wesse ich wer er wære,
ich wolde in biten daz er mir
chlawen gæbe alsam dir
und snabel und gevidere.'
20 der habch sprach da widere:
'daz gap mir Jupiter, unser got,
du leistest ubele sin gebot
daz er dir so unchunt ist.
daz bûzze in einer churzen frist
25 und fleuge zu im, swa er si.
im ist manich tugende bî,
er gwert dich diner bet gar.
ouch brinch din chleinode dar:
er vernimt din rede deste baz;

---

10. *A Nr. 60, Bl. 43ʳᵇ—44ʳᵇ; H Nr. 168. Ros. S. 147—*
150. Lesaa. von H nach Ros. Überschrift in H: Ditz ist der
eulen mere Got bûzze uns unser swere. 1 eule habech *H*
(hab. *immer so*). 5 zu wunsche *H*. 6 Ich gesach nie snabel
b. g. *H*. 7 clawen danne *H*. 8 Kein *H*. 11 frumekeit
tugent : jugent *H*. 16 West ich *H*. 18 also *H*. 21 Si gap
mir Jovis *H*. 22 ubel *H*. 26 so m. tugent *H*. 27 bete *H*.
28 bringet er *H*. 29 dester *H*.

30 dir sint die vogele gehaz,
 so gehilfet dir diu miete,
 der dich gerne verriete,
 daz dir der niht geschaden kan.'
 da mit schiet si von dan.
35 ir was ze der verte vil gach.
 si ranch mit flizze dar nach
 daz si ein ganze mûs gevie,
 da von ir wille fur sich gie.
 da mit chom si zehant
40 da si der vogele got vant,
 si stunt fur in unde neich.
 der vogele got daz niht versweich,
 er hiez si wilchomen sîn.
 er sprach: 'du hast den hof min
45 gesuchet so du beste chanst.
 sit du mir solher eren ganst,
 chumt din bet untz an mich,
 sicherlichen ich ere dich.'
 'gnade herre', sprach si do,
50 'ich wart nie deheines dinges so vro
 so daz ich iuch gesehen han.
 mir enchan nu nimmer missegan.
 daz ih iuch ê niht han gesehen,
 daz ist von bosheit niht geschehen:
55 ich bin darzu niht gestalt,
 ichn han die chraft noch den gewalt
 daz ich iu so gedienen muge
 als iz iwer werdicheit tuge.
 mir ist der wille so gut
60 daz ir so dienesthaften mut
 ninder vindet anderswa.
 het ich snabel und chla
 und vedern als ein habch hat,
 ich wolt iu, als min mut stat,

---

33 Daz er dir n. *H.* 35 wart zu *H.* 37 groze mûs *H.*
39 sazehant *H.* 40 vogel *H.* 42 vôgel *H.* 43 willekomen *H.*
47 dien bet an m. *H.* 48 Sicherlich i. e. ouch d. *H.* 50 nie
nihtes so v. *H.* 53 niht e *H.* 57, 64 euch *H.* 62 Hete *H.*

65 mer gedienen alterseine
den die vogele alle gemeine.'
daz losen und daz liegen
daz enhet er niht fur triegen.
er sprach: 'du bist so volchomen,
70 dar zu han ich vernomen
so guten willen daze dir
daz du vindest hieze mir
allez des du hast gegert,
des wis mit willen gewert.'
75 si genadet im also sere
daz er da vor niemere
so minnechlichen danch vernam.
die vogele warn ir e vil gram
durch ir winchelfûre gewesen,
80 vor den was si nu genesen.
si was daz jar an habches stat
und machte manigen vogele mat.
si begunde also gebarn,
die ir da vient warn,
85 den wart si allen nu so groz
daz si ir gwaltes verdroz.
si tet swaz si wolte
untz si sich mûzzen solte.
diu mûzze was ir vil unchunt,
90 ez chom also zeiner stunt
daz uz den vedern allen
ainiu begunde vallen,
diu beste diu an ir stûnt.
do tet si als die zagen tûnt,
95 si erchom so sere und erschrach
daz si die sunne noch den tach
vor leide niemer mere gesach
bi den ir der schade geschach,
si zoch sich in ein vinster hol.
100 si dahte: 'ich weiz daz vil wol:

---

66 Danne *H*.   68 ver triegen *H*.   69 so wol komen *H*.
71, 72 zu *H*.   74 willen] vollen *H*.   77 inneklichen dank *H*.
79 winkel vur *H*.   83 gebaren : waren *H*.   91 den] ir *H*.
96 sunnen und d. *H*.

chôm ich an daz lîht hin vur
daz ich die vedern verlur
untz ich mit alle wrde bloz,
ez wart nie schande so groz
105 so der der mir ist geschehen;
er wirt ôch nimmer mer gesehen.
ine gesihe den tac nimmer me.'
ir wart vor leide so we
daz si in der vinster beleip
110 untz si ir leben gar vertreip.
mit solher missewende
nam gar ir vroude ein ende.

    Daz mære wære baz verdagt
ob daz niht wrde gesagt,
115 daz man dar zu gelichen sol
daz sich dar zu gelichet wol.
ich geliche der ôwlle tugent
einem man der alter und jugent
so læsterlichen vertribet
120 daz er gehazzet belibet
von allen den die eren gegern
und och der werlde vroude bern.
so der vil bose danne siht
vil manigen den man eren giht,
125 die zeden eren sint gestalt,
die geburt, gut und gwalt
und stæte werdicheit hant
und daz mit werchen begant
daz si dem freunt gevallen wol
130 und daz si der vient furhten sol,
so gelustet den vil bôsen
daz er sich muzze losen
von sinem ungewalte groz,
und daz er werde der genoz

---

101 Chome *H.*   102 vederen *H.*   104 Ezn w. n. schade
also gr. *H.*   106 Ez *H.*   107 Ich g. *H.*   112 Nam alle ir
vreude *H.*   113 verdaget : gesaget *H.*   117 zu der eulen
H.   118 Einen *H.*   119 lesterlich *H.*   121 gernt : bernt *H.*
130 daz *ſ. H.* den *A,* der *H.* fvrsten *A.*   132 erlosen *H.*

135 die von gewalte haben ere,
des flizzet er sich sere.
er cheret einem herren zů,
dem ist er spate und fru
mit siner losen rede bi.
140 so wænet der herre daz ez si
allez war des er da gihet,
untz daz ein wnder da geschihet
daz er in richen beginnet
und in an schulde minnet
145 und im bevilhet einen gwalt.
so wirt sin hohefart manichvalt,
so wil er gar ein habech wesen
und nieman lazzen genesen.
er strebet nach niemens hulden,
150 die in hazzeten von schulden,
die verslůnde er, mohter, alle.
also vert er mit schalle,
sin herce daz ist vrouden vol,
untze hin daz er sich můzzen sol,
155 daz in sin herre niht erlat,
der in vil wol gerichet hat,
ern muzze im dienen davon.
des was er ê ungwon
daz er iht dienen solde
160 wan als er selbe wolde.
ez sei im liep oder leit,
die vedern der richeit,
der muz im einiu herabe,
des wirt so groz sin ungehabe
165 daz aller sin trost verdirbet
und gar an vrouden stirbet.
sinem herren was er ê vil holt
durch den vil ungefugen solt,

135 e haben *kaum zu lesen in A.* gewalt hant *H.*
137 chert dem h. *H.*   141 giht: geschiht *H.*   144 ane *H.*
146 hochvart *H.*   148 U. l. n. *H.*   149 Ern *H.*   150 hazzent *H.* 152 Alsust *H.* 155 Daz in des sin herze *H.* 157 Er
můz *H.*   158 Desn w. er e niht gewon *H.*   163 herab:
ungehab *H.*

3*

an dem verzaget er nu gar
170 und wirt mit alle riwe var
daz er in hat gemachet schart,
sam diu bose ouwlle wart,
diu den tach vor laide floch
und sich in ein vinster hol zoch.
175 sin herre der im daz liep bar
daz man nam siner mûse war,
den beginnet er nu miden
beidiu hazzen unde niden.
vor dem birget er sin gut
180 und treit im ungetriwen mut;
sus fliuhet er der triwen schin.
swi gute noch sin vedere sin,
swi im bezzer gevidere
nach der muzze wahsse widere,
185 er verzaget umbe die einen
daz man den vil unreinen
dar nach nimmer vindet niwen,
in dem schate der untriwen
und in der vinster der untugent:
190 sin bosheit hat immer jugent.
sus mûz der herre verlorn han
swaz er im gutes hat getan.
also bestattet man daz gut
daz man dem ungeslahten tut.

---

170 wirt alle zwifel var *H.* 176 Daz man sin muste
nemen war *H.* 177 ir. 178 Beidiu] Und *H.* 182 gut
vedern *H.* 184 wuchse *H.* 185 umb *H.* 186 Die man *H.*
187 immer *H.* 193 bestatte *H.* 194 den *H.*

11. Der verflogene Falke

Sich verflôch ein valche uf einen se
so verre daz er niht me
wan himel unde wazzer sach;
do wolde er wider durch gemach.
5 do vermiste er der lande,
des het *er* nach cephande
beidiu den lip und daz leben
dem grimmigen tode gigeben.
do geschuf sin heil daz er genas,
10 do er vil nach verzagt was.
aller erst do sahe er ein lant,
des endes chert er sazehant.
do chom er schire in gevarn,
da vant er niht wan mûs arn.
15 der vogele was deheiner
weder grozzer noch chleiner
der in dem lande wære
niwan mûsære.
ez was der musarn lant.
20 swaz er da musarn vant,
den begunde er wol gevallen.
er wart da von in allen
enphangen und wol gelobet.
'ich beziuge iu daz ir niht entobet',
25 sprach der valch wider sie,
'vind ich iht zetûnne hie
da ich frumcheit erzeigen sol,

*11. A Bl. 44va—45ra ohne Nr., so daß Hoffmann Nr. 60
(Eule und Habicht) bis Bl. 45ra reichen ließ, auch Meyer-
Benfey bringt keine Lesaa. von A. H Nr. 169. Ros. S. 150—
152; Meyer-Benfey S. 50—53. Lesaa. von H nach Meyer-B.
Überschrift in H:* Ditz ist wie sich ein valke vf dē se v'vlock
Daz ist ein seltzen mere noch.   1 v'vlôge *H.* einen] den *H.*
4 wolt *H.*   5 ver misset *H.*   6 er *nur H.*   8 grimmen *H.*
9 Doch schvf *H.*   10 verzaget *H.*   11 Alrest *H.*   12 zehant *H.*
14 Danen v. *H.*   15 vogel *H.*   18 wan allez m. *H.*   19,
20 mv̊saren *H.*   23 gelobt: entobt *H.*   24 iu *ƒ. H.* er *H.*
25 valke *H.*   26 Vinde ich *H.*   27 vrv̊meheit *H.*

ich bewære mit den werchen wol
daz ir mich muzzet vertragen,
30 ich chan spise wol bejagen.'
da swigen si alle samt zů.
des anderen morgens frů
begunden die musarn
vrolichen nach der spise varn.
35 der valch hůp ouch sine vart.
sin tugent und sin edele art
und darzu sin gwonheit
die taten im die arbeit
daz er in den lufte hohe flŏch;
40 daz in ouch leider betrŏch:
er suhte her und dar
und *nam* vlizzechlichen war
ob er den vogel funde
an dem er gewinnen chunde
45 frum, lop unde ere.
do sahe er da niht mere
wan musarn uberal.
zejungist liz er sich zetal
da die musarn sĕzzen
50 und nach ir vollen azzen.
er sach daz sumlicher saz
uf einer velt mů̊s und az.
ez het ŏch etlicher da
einen frosch *genumen* in die chla;
55 dem ez dar nach so wol ergie
daz er den haberschrechen v.e,
der was da von hoh gemut;
da duhte ein snekke harte gut,
der den da vant, der was fro,
60 der ander der was ouch also
der zu einem regen wrme quam
oder eine vivalter nam

---

29 muzzet] bi evch svlt *H.*   30 kan die sp. *H.* 32 anders.
33 mv̊saren : varen *H.*   34 vrilichen *A*, vrolich *H.*   35
valke schvf *H.*   38 rieten *H.*   40 ouch] doch *H.*   42 man.
45 Vrvmen *H.*   46 Den s. *H.*   50 vollen] willen *H.* 51, 53
svmelicher *H.*   54 genvmen *nur H.*   60 *Das 2.* der *ſ. H.*
62 ein veivaltern *H.*

oder einen chevern vant,
des ungenist gar verswant.

65 sus sach er sie alle enbizzen.
si begunden im verwizzen
sin grozze und sin schone:
'du bist aller vogele hône',
begunden die musarn jehen,

70 'nu ist din bosheit ersehen
daz du niht chanst erwerben.
du solt zereht verderben,
nu bejage wir doch alle
die spise wol mit schalle,

75 nu bist du boser danne wir,
deswar, daz schinet an dir.'
swie vil er spotes dolt,
er enmoht noch enwolt
des niht des si da azzen.

80 des begunden si in verwazzen
und zigen in *grozer* bosheit
und taten im so manich leit
daz er floch in ein ander lant,
do er allen sinen willen vant.

85   Als der valch was verjaget,
von dem ich iu han gesaget,
also wirt ein biderber man,
swie tugentriche er werden chan;
daz hilfet lutzel und frumt

90 swenne er zu bosen liuten chumt.
daz er ir sit vermidet,
des wirt er so vernidet
belogen und gehazzet
und wirt so fur gevazzet

95 von den tugentlosen,
die beginnent in verbôsen

---

63 kevern da v. *H.*   64 D. vngemⱴte daz v. *H.*   65 Svst
H.   66 Do begondens im *H.*   67 Sine *2* × *H.*   71 her wer-
ben *H.*   72 zv rehte *H.*   77 dolte͏: enwolte *H.*   78 Ern
mochte *H.*   80 begondens *H.*   81 g̊zer.   85 valke wart
H.   86 evh nv h. *H.*   87 biderbe *H.*   89 frvmet : chv-
met *H.*   95 tvgenden losen *H.*

sam den valchen die musarn.
moht er den liuten empharn
und entrinnen sam der valche entran,
100 so wære er ein vil sælich man.
nu mager wol entrinnen niht.
ich sag iu wa von daz geschiht:
man vindet allenthalben ê
der valschen sehzech oder me
105 denne einen der nach ere strebet.
sit der so lutzel nu lebet,
war suln die tugentrichen
den valschen danne entwichen?
sit niemen chan erlosen
110 die biderben von den bôsen,
so sol ers doch niden
und sol vil gar vermiden
ir missetat und ir untugent.
sin ere diu sol niwe *jugent*
115 iemer haben, daz ist gut.
er sol werch, wort und mut
von bôsen liuten scheiden
und sol im lazzen leiden
ir valschen lip und ir leben.
120 sus sol er iemer von in streben,
so ist er lobelichen empharn
den ungeslahten musarn.
    Die valschrichen dunchet reht,
er si riter oder chneht,
125 swie er sin gut gemere,
daz man in billich ere.
swelich *ritter* sich daz an nimt
daz einem chôfmanne wol gezimt,
der tut dem valchen niht gelich:
130 er honet daz leben und *ouch* sich.

---

97 mevsaren : enpfaren *H.*   101 mage er *H.*   102 sage
evh *H.*   105 Danne - eren *H.*   108 denne *H.*   109 nieman *H.*
110 Den b. *H.*   114 Jvgent *H*, tvgent *A.*   116 wort werk *H.*
120 Svst *H.*   121 lobelich enpharn *H.*   122 vnslachten *H.*
123 valschen richen *H.*   124 Ez *H.*   127 Swelch *H.* ritter
ƒ. *A.*   129 valschen *H.*   130 ovch *nur H.*

swer daz leben ane get
daz sinem namen wol an stet,
er si arme ode riche,
der lebet vil lobeliche.

---

132 an *f. H.*   133 oder *H.*

12. Der Hahn und die Perle

Vor einem stadele da man drasch
da gie ein han durch genasch
und war*p* als er chunde.
do er chratzen begunde,
5 do vant er in churtzer stunt
einen wolgetanen funt,
einen schonen meregrîzzen.
'moht ich din iht geniezzen,'
sprach er wider sich selben do,
10 'so wære ich din harte fro.
wære dir iemen zu chomen
dem du mohtest gefromen,
dem wære *wol* mit dir geschehen.
nu han ich churtzlich gesehen
15 daz ih enmach din
niht geniezzen noch du min,
des bistu hie zemir verlorn;
ich næme fur dich ein habern churn.'
Der han gelich*et* einem man
20 der beidiu wil und chan
tumplichen werben
und wænet doch niht verderben.
chumt er den mergriezzen an,
er læt in ligen als der han.

12. *A Nr. 69, Bl. 52vb—53ra*; *H Nr. 171*; *E Nr. 25.*
Docen: Altd. W. 2, S. 3f., E; *Pfeiffer Zs. 7, S. 381f.;*
Kollationen von H Ros. S. 223; *Goedeke S. 644 nach Pfeiffer.*
Lesaa. von H nach Pfeiffer und Ros., von E nach Docen
und Pf.. Überschrift in H: Ditz ist von einem hane ein mere
Got helfe uns vil gewere.   1 do *E*.   2 Do *E*. hane *H*. sin
genasch *E*. 3 warpt *A*. do chonde *H*, (o : o *E*). 4 scherren *E*,
zu scherren *H*.   6 E. harte w. *H*.   7 Ein schôn *E*. mergr.
EH.   9 zů im selben *E*.   10 d. von schulden vrô *H*.
11 iemen] etswer *HE*.   12 du wol m. *H*.   13 wol *f*.   14 er-
sehen *H*.   15 Weder ich mac d. *E*, Dunen macht niht ge-
niezzen min *H*.   16 So mag ich n. g. d. *H*.   18 haberkorn
HE.   19 gelich.   20 D. gerne w. *H*.   21 Vil t. *H*.   22 wenent
H, wil *E*.   23 den] die *E*.   24 e *A*.   in] si *HE*. ligent als
ouch d. *H*.   alsam *E*.

25 was sint die mergriezzen?
    diu wort der wir niezzen
    gegen got und nach den eren.
    beginnet man in lere*n*
    wie er werben solde,
30 ob er sich lieben wolde
    beidiu got und den liuten,
    so mag man imz diuten
    ê er sich daran iht cher*e*.
    des æffet er sich sere
35 der den wisheit leret
    der sich an die rede niht cheret.
    swer niht wisheit wil phlegen,
    funde er si ligen an den wegen,
    er moht ir niht mer geniezzen
40 denne ouch der han de*s* mergriezzen.

---

25 W. gelichet dem *H.*   26 Daz tunt w. *H.* geniezzen
HE.   27 Gein *E.*   nach] gegen *H.*   28 leret.   31 und
ouch d. *H.*   32 Man mag ez im immer d. *H.* imz immer
tuten *E.*   33 E daz er s. d. k. *E.* cheret *A.*   35 Swer-lerte :
cherte *H.*   38 ligent an allen w. *H.* vf allen w. *E.*
39 me *E.*   40 ouch f. *HE.* der *A H.*

13. Der Esel in der Fremde

Ez was ein esel zeiner zit
der lange seke und wit
ze allen ziten muse tragen.
daz begunde er wider sich selben chlagen.
5 do hort er sagen mære
daz ein solich lant wære
da man nie esele gesæhe.
'wie wol mir denne geschæhe',
gedaht er iesa zehant,
10 'chom ich immer *in* dazselbe lant,
so lebte ich ane arbeit
und hete eteliche werdicheit.
ich bin untze her gewesen hie
smæhe und *uns*ælich ie,
15 ich wil gwislichen dar.
wirde ich der liute gewar,
so erschelle ich mine stimme,
diu dunchet si so grimme
daz si niht trǒwent genesen,
20 und lazzent mich iemer fri wesen.
swenne ich si fride lazze han,
so lazzent si mich gerne gan.'
sus chom er in daz selbe lant
da er ein grozze stat vant,
25 und gie den liuten in ir gras.
do chom der des diu wise was.
als er hinzu begunde gan
und wolde in ûz getriben han,
do cherte sich der esel dar
30 und lie sine chraft gar

---

13. *A Nr. 75, Bl. 55ᵛᵇ—56ᵛᵇ; H Nr. 190. Docen: Altd. W. 3, S. 187—192, A; Ros. S. 189—191. Lesaa. von H nach Ros. Überschrift in H*: Ditz ist von einem esel ein mere Daz leret uns der Strickere. 3 muste *H.* 6 sulche *H.* 7 esel *H.* 10 in *f.* Ob ich dar queme in daz l. *H.* 11 Da lebt *H.* 12 het etlich werdikeit *H.* 13 untz *H.* 14 un *nur H.* 22 lant ouch si *H.* 23 Sust quam *H.* 26 quam er des *H.* 27, 28 umgestellt in *H.* 27 hin] dar *H.*

mit grozzer stimme chlingen
und begunde so lôte singen,
do verzahte er gar der man
und lo*bte* got daz *er en*tran
35 dem vil vreislichen tiere.
do lief er hin vil schiere
da er die gloksnure vant,
und begunde liuten zehant
zesturm wol mit schalle.
40 do chomen die burgære alle
und vragten waz im wære,
do sagt er in diu mære,
daz wære ein vreislich tier chomen,
daz het im nach den lip benomen,
45 daz het ein grozze stimme
und wære darzu so grimme
daz ez niht vliehen wolte,
als ein tier von rehte solte,
daz æzze im abe sin gras.
50 swer do baz geriten was
oder snelle was zefuzze,
der chert sin unmuzze
an ein michel uz gahen.
da si den esel sahen,
55 do gestunden ouch die zagen.
die mannes hercen wolten tragen,
die huben sich hin naher baz.
der uf einem guten rosse saz,
der reit hin naher ouch ein teil.
60 do was der esel harte geil;
daz schuf daz wnnechliche gras
und ouch daz er geruwet was.
als er der rosse wart gewar,
do lief er schriende dar,

---

33 Daz er verzagt der m. *H.* 34 = *H*, U. lop g. daz
ertran *A.* 37 glocgen sn. *H.* 38 Die begonde er lûten z. *H.*
39 Ze sturme *H.* 41 in was *H.* 42 sagte er in daz mere *H.*
43 wer *H.* 44 genumen *H.* 45 hete groze *H.* 51 sneller *H.*
54 esel alrest *H.* 55 ouch *f. H.* 56 herze *H.* 57 Si h. *H.*
59 reit o. n. e. t. *H.* 64 lief lugende *H.*

65 als noch ein geiler esel tut,
sin ruwe gab im frien mut.
da si in so witen sahen g*in*
und lutes loufen gen in,
do wart in ze flihen gah.
70 der esel lief allez nach.
swelich *ros* niht balde wolde tragen,
daz wart vil vaste durch sleigen
ze beiden siten mit den sporn.
si heten alle wol gesworn
75 er frazze ros und man.
swer uf einen bŏm entran
oder zitlich chom in die stat,
der dŏhte sich geluches sat.
swa der wech was enge,
80 da wart solich gedrenge
daz die swachen und jungen
ertreten und erdrungen
vil nach zetode warn.
swer des mohte gevarn,
85 der floch uf einen hohen stein.
sumeliche fluhen heim.
swer sich dem esel also benam
oder uf eine mure quam
oder uf ein hŏs oben,
90 der begunde got loben.
do chomen die hersten
in die stat zemersten
und besluzzen ir burgetor
und liezzen die armen dervor
95 und enruhten waz den geschach.
do daz arme volch gesach

67 wite s. ginen *H*, gen *A*.   68 gegen *H*.   70 lief in vaste
n. *H*.   71 ros *f*.   72 slagen *H*.   75 Ez vrezze *H*.   77 chom
f. H.   80 ein solche *H*.   81 u. die j. *H*.   83 waren : gevaren
H.   85 vlohe—grozen st. *H*.   87 so *H*.   88 Daz er uf die
burk mŭre quam *H*.   91 Da wurden d. h. *H*.   92 ze-
mersten] die aller ersten *H*.   93 Da b. si daz burgtor *H*.
94 die andern da vor *H*.   95 niht waz *H*.

daz in der wech was enzwei,
do wart ein solich geschrei
uzzerhalp von den armen
100 ez mohte got erbarmen.
si wanden beide junge und alt
ir tage wærn uz gezalt.
ez was ein verzaget her.
si liefen an die brustwer
105 in der stat vil schire
und warten dem tiere,
si wanden schowen grozze not.
do entet er niemen den tot,
sin gebærde dŭhten freissam
110 untz er an daz burgetor quam
daz er der rosse niht mere ensach,
do het er aber sinen gemach
und was ouch lŭens sat.
do si gesahen in der stat
115 daz er bi den liuten gie
und si doch ungebizzen lie,
do begunden si vil sere swern
daz enmohte in niemen erwern
sine wolten fur daz tor gen
120 und wolten bi ir friunden sten,
durch daz si mit in dolten
swaz si da liden solten.
die daz tor besluzzen ê,
den tet diu schande nu so we
125 daz si *des* lougen begunden,
so si flizzichlichest chunden,
wand si daz laster mŭte.
swaz der esel nu gelŭte,
in enwolt doch niemen fliehen.

---

98 ein so getan g. *H.*   99 Da uzze v. *H.*   102 uz]
gar *H.*   103 verzagtes *H.*   104 Do liefen si *H.*
106 wartende *H.*   109 douchte *H.*   111 me sach *H.*   112
senen. 113 lvttens *H.* 118 enkunde *H.* 119 Sinen wolden
ouch her uz gen *H.*   123 burgtor *H.*   125 des *nur H.*
127 Wan *H.*   129 doch *f. H.*

48

130 si begunden im zu zihen
und gevingen den toren
bi der manen und bi den oren.
darzu sprungen ir viere
uf sinen rucke schiere
135 und riten in in die stat hin.
do berieten si sich under in
die burgære iesa zehant:
daz tier het in got gesant,
dem solten sis genade sagen,
140 ez solt ir aller secke tragen
zu der mul spat und frû,
da wer ez wol geschaffen zû.
do was im unz an sinen tot
gezehenvaltiget sin not.
145 sus fur der arm recke,
daz er eines mannes secke
daheim in sinem lande truch,
der eren duhte in niht genuch;
do gelanch im so an siner vart
150 daz er maniges mannes esel wart.
    Da man ich tumbe liute bi:
swer da heime ein tore sî,
der enheve sich niht in vremdiu lant;
da sine mage sint bechant,
155 da hat man in deste baz;
sone weiz dort niemen umbe waz
sin zeschonen in vromden landen.
des wirt da siner schanden
so ungefûglichen vil
160 daz es im wære ein kindes spil,
wer er da heim gewesen.
swer ane witze wil genesen,
der wære dristunt als wol
in einem vinstern hol,

132 Bi den *H*. 136 si *f. H*. 140 Er *H*. 141 mûle *H*.
143 im *f. H*. 145 Sust gefur d. arme *H*. 149 so] sust *H*.
151 mane *H*. 153 Dern hebe *H*. 155 Da helt—dester *H*.
157 Sin z.] Im schônen *H*. 159 ungefugeliche *H*. 161
heime *H*. 162 Swer er.

165 so daz er sin torheit
    zeschowen in daz lant treit.
    er wære baz ein toter man
    der niht wan schande erwerben chan.

14. Der Wolf und der Hund

Ein hunt in einem hove lach,
daz was sin sit des er phlach.
do chom ein wolf an daz tor,
der hunt sprach: 'wer ist da vor?'
5 der wolf sprach: 'daz bin ich,
du soldest baz erchennen mich,
wand ich din rehter herre bin.
tu uf, la mich balde in!'
daz wart dem hunde swære.
10 er sprach: 'du diep, du roubære,
heve dich balde hinnen,
wirt din min meister innen,
din houbet muz an den galgen
zu andern wolves palgen.'
15 der wolf uber den zowen spranch
ane des hovewarten danch
und leit den hunt under sich,
sin zuht wart ungefugelich.
'genade herre', sprach der hunt,
20 'irn sult durch minen tumben munt
iwer edele vergezzen,
iwer herze ist besezzen
mit so maniger herlicher tugent,
daz iwer zorn und iwer jugent
25 iuch iemer des betwingen sol
daz ich den tot von iu dol.
wan ich mit iu geschimpfet han,
ir sult schimpf vur schimpf verstan
und sult mir minen schimpfen
30 so sere niht ungelimpfen.
ichn han niht so sere missetan:
ich het iuch iezu inverlan
hetet ir iht langer gebiten.
daz ich den schimpf niht han vermiten,

---

14. *A Nr. 76, Bl. 56vb—57rb. Nur in A überliefert. Grimm:
R. F. S. 341—344.* 18 vngefugclich.

35 daz tut mir wirs danne we.
geschimpfe ich mit iu iemer me,
so muzze ich sin verfluchet;
swenne ir herchomen geruchet,
ich laze iuch ane schimpfen in.

40 ir habet die tugent und den sin
swenne ir zu dem vihe chumt,
daz ir minen gnozzen sere frumt,
des bizzet ir danne so vil
daz wir vroude unde spil

45 von iwern gnaden gewinnen.
swenne ir nu scheidet hinnen,
so chomt her wider schiere.
sint iwer gnozzen viere,
die genizzent iwer frumcheit.'

50 der wolf sprach: 'so ist mir leit
daz ich dich so bizzen han,
wir haben bediu missetan,
nu lazze wirz beide varn,
wir suln uns hernach baz bewarn.

55 do gieng er zu den schaffen,
die begunde er also straffen
daz ir vil lutzel genas.
er az ir daz er sat was
und hup sich ane sine vart.

60 daz lobte ouch der hovewart.
Der wolf gelichet vaste
einem gwaltigen gaste,
der des gert an sinen wirt
daz im vil gar versagt wirt

65 und er danne selbe nimt
allez des in da gezimt.
so danne schowet der wirt
daz in sin zorn unsælde birt,
so tut er solhen willen schin

70 daz er niht bezzer mohte sin;
er machet freude unde spil
und git dem gaste swaz er wil.

---

52 messetan.   68 zon.

swie groz denne sin gabe si,
der milte ist niht lobes bî.
75 swaz der man geben muz,
diu milte hat vil smalen fûz.
daz der man mit willen git,
er mag ez geben an der zit
daz inz lop vil gar vergat.
80 swer milte unde gut hat,
wil der lobelichen leben,
der sol zerehter zit geben
und sol zerehter zit versagen,
diu muzzen beidiu wol behagen.
85 swer mir sin gut erliuget
und mich so dicke betriuget
daz ich im wirde gehaz,
git er mir denne etewaz,
diu gabe hat ir lop verlorn
90 und versunet chome den zorn,
den er an mir gemachet hat.
der sune hab ein man rat.
mag er der gabe niht bejagen,
so sol er doch enzit versagen,
95 sone wartet jener nihtes mê.
ich nem ein war*versagen* ê
danne ich zwo gabe gelogene tû,
ichn han niht vrouden dar zû
swaz mir geheizzen vroude birt;
100 diu vroude swillet unde swirt
mit *un*vrouden uz mir:
von swem ich der geheizze enbir
die mich da machent ungemut,
daz nim ich dannoch fur gut.

---

96 warsagen.   101 un- *f.*

15. Der Wolf und der Biber

Zeinen ziten daz geschach
daz ein wolf einen piber sach
eines tages in einem wage,
dem sazt er manige lage
5 vntz er zejungist uz gie.
der wolf in iesa gevie.
do sprach der piber: 'neve min,
waz sol disiu rede sin?'
der wolf sprach mit zorne:
10 'da bistu der verlorne,
ich wil dich ezzen, weizgot.'
der piber sprach: 'iz ist din spot.'
er sprach: 'des wirstu wol gewar.'
do wart der piber riwe var,
15 er sprach: 'herre neve, daz verbir
und ginch dan mit mir,
ich wil dir einen dahs geben.
soltu tŏsent jar leben
du must mirs iemer danch sagen;
20 dun darft in vierzehen tagen
nimmer chomen von einer stat,
wan du bist zeallen ziten sat.
der ist dir nutzer danne ich.
deswar wil du mich
25 mit rehten triwen meinen,
ich gibe dir aber einen
als dike so du wilt,
daz ouch du min frideschilt
vor dinen genozen wellest wesen,
30 daz si mich lazzen leben.'
der wolf sprach: 'des hilfe ich dir,
nu sage an, wie mach mir
der selbe dahs werden?'
'er lit hie in der erden

15. *A Nr. 77, Bl. 57rb—vb. Nur in A und q überliefert.*
J. Grimm: R. F. S. 312—315.

35 bi disem wage in einem hol,
da gewinne ich dirn wol.
la mich dich uber schriten
und la dih dar riten,
so heizze ich in heruz treten;
40 des han ich in lihte erbeten.
ich beginne wider in jehen
"ir sult mir ditz ros gesehen."
so er uns denne beginne nahen,
so solt ouch du in vahen.'
45 der wolf sprach: 'daz tun ich.
nu sitze uf und rite mich.'
do saz der piber uf in.
do trug in der wolf hin,
und chomen zu des dahses tur,
50 do sprach er: 'neve get herfur
durch minen willen und sage
wie iu daz ros behage;
ine gilt iz niht mit alle,
ine vernem wie ez iu gevalle,
55 ich furhte daz ich denne verlůr.'
der dahs hup sich herfůr,
untze der dahs den wolf ansach,
do entweich er wider unde sprach:
'entriwen, neve, dirre vol
60 der gevellet mir harte wol.
diu brust ist im vil starch.
ich wil dir geben eine marh
daz dun vergeltest deste baz.
rite in den wac und mache in naz,
65 daz ich in rehte gesehe.
mir ist liep daz dir wol geschehe,
hat er niht floz gallen,
so muz er uns wol gevallen,
so wil ouch ich in rennen,
70 ich chan in baz erchennen.'
daz duhte den wolf gut.
in den wac er do wt,
der was zeguter mazze tief.
der dahse neben im lief

75 durch ein dicke studæhe,
daz er vil wol gesæhe
sines lieben neven riten.
er sprach ze allen ziten:
'rit in wenic îne baz;

80 er ist noch niht gar naz.'
des sagte im der piber danch.
hin in den wach er do spranch
und chom hin under in den grunt
von dem wolve wol gesunt.

85 do lief der dahs hin in sin hol.
    Iz zimt ouch noch den liuten wol:
swer sinem friunde bi gestet,
so ez im an die rehten not get,
so der man friunt muz chiesen

90 oder aber den lip verliesen,
swer im da hilfet genesen,
der mac vil wol sin friunt wesn;
swer sinen rat uber siht,
weizgot, der was sin friunt niht.

---

50 sprac *Hs. ebenso S. 63, Z. 24.*

16. Der Hofwart

    Ez was hie vor ein richer wirt,
swaz den gesten vroude birt,
des bot er allez genůch.
er schuf swa man sin gewͦch,
5 daz er vil wol gelobt wart.
er het ouch einen hovewart,
der chunde wol uberspringen.
des entorft in niemen twingen;
damit erwarp er sin brot,
10 swer im den arm dar bot,
dar uber spranch er sazehant.
des wart der hunt wol bechant.
eines tages chom der geste vil,
do mûs er uben sin spil.
15 er spranch untz an die stunde
daz er muden begunde,
done wolt er niht mere springen.
do begunde man in twingen.
do in des einer betranch
20 daz er im uberspranch,
so twanch in ouch ein ander.
der meisterschefte vander
so vil untz er verzagte
und in vil gar versagte
25 und durch niemen springen wolte,
swelich not er drumbe dolte.
    Rehte also tut ein milter man:
swie milt er immer werden chan,
wil man sin zeharte varn,
30 in muz diu milte swarn.
in bringet einer dazu
der in beide spat und frů
ze gitechlichen næisen wil,
daz in muz dunchen zevil

---

16. *A Nr. 78, Bl. 57ᵛᵇ—58ʳᵃ. Nicht in H. Pfeiffer Zs. 7, S. 345 f.* 14 vbⁱ.

35 der gabe und jenes gitecheit
    und im zejungist gar verseit.
    swie gerne er milte wære,
    in machent die gitegære
    an guten willen so *h*art
40 daz er tut sam der hovewart,
    den man zespringen twanch
    so lange unz er durch niemen spranch.

---

39 chart.

17. Die Fliege und der Kahlkopf

Ein fliuge einen chalwen man
vil sere bizzen begab,
da si im daz hobet bloz vant.
do slug er dar mit siner hant.
5 do lie fliuge*s* hin gan.
als der slach was getan,
do fur diu fliuge aber dar;
des *nam* der man vil wol war
und ramte ir vaste denne ê.
10 diu fliuge sumte sich niht me,
si flouc aber hin und entran.
als dicke beiz si den man
daz ir zejungest war ein slac
daz si des pizzens enphlac.
15 Die fliegen wil ich gelichen
dem armen, der den richen
wil niezen an sin schulde
und engert niht siner hulde.
so daz der riche danne chleit
20 und ouch dem armen widerseit,
so wirt er chuner danne e
und tut im ie me und me.
so sprichet der riche man:
'ist daz mir sin got gan,
25 ich heizze in dar umbe henchen.'
so muz der arme wenchen
und muz als diu fliuge varn,
des enchan er ouch niht wol bewarn.
man laget im hie unt da,
30 unz er zejungist etewa
gevangen wirt und tot geliget
und daz der riche an im gesiget.

---

17. *A Nr. 79, Bl. 58*ra—rb. *Docen Altd. W. 3, S. 227—
229.*   5 *wohl unvollständig,* fliuge *Hs.,* s = si (*die Hand*)?
*oder soll die Z. bedeuten: Da unterließ es die Fl. (in diesem
Augenblick) dorthin zu gehen?*   8 man.

swer als diu fliuge wirbet,
so der als diu fliuge stirbet,
35 den wil ich als die vliegen chlagen
diu an dem glatze wart erslagen.
daz merken die da zucken
und sich ofte muzen tucken.

18. Der Hofwart und die Jagdhunde

Ez was hie bevor ein arm man,
der so lutzel gutes gwan
daz er vil selten sat wart.
do het er einen hovewart,
5 dem enweste er waz geben,
noch enweste wes er selbe mohte leben.
davon so wart der hunt so swach
daz man in chume leben sach.
nu was ein burc da nahen bi.
10 ich wil sehen ob da iemen si,
gedaht er, der sich ruch erbarmen
uber mich tot armen.
diu burc het einen reichen wirt;
swaz den luten froude birt,
15 des volgte im ein michel teil.
nu gehalf dem hunde sin heil
daz er fur des wirtes tisch cham
und sin da nieman war nam
wan des wirtes heshunde.
20 swelher in an begunde
loufen als er solde
und in uz bizen wolde,
vor dem leit er sich dernider
und tet niht anders darwider
25 wan daz er den zagel rûrte,
unz er den zorn cefûrte.
do er sich also chunde ergebn,
da von liezen si in leben.
doch begunde er in entwichen
30 und alumbe slichen
under den benchen, da ez vinster was.

---

18. *A Nr. 96, Bl. 68ʳᵃ—ᵛᵇ*; *H Nr. 118.* *Pfeiffer Üb.*
S. 29f. Lesaa. von H nach Pf. Überschrift in H: Ditz ist
ein mere Von den bvren seltzene. 5 west *H*. 6 Vñ en-
wester w. er s. solde l. *H*. 7 *das 1.* so *f. H*. 11 Der sich
welle e. *H*. 15 volget *H*. 17 vor *H*. 20 in an] man *H*.
24 da w. *H*. 30 Vñ begonde ot vmb in sl. *H*.

da bejagt er daz er wol genas.
do der arm hovewart
ein wenich chreftiger wart,
35 do begunder fur die tische gen
under die hessehunde sten.
als er ein bein da gevienc,
swelch hessehunt dar gienc,
dem liez erz nider vallen.
40 sus geschuf er mit in allen
daz si in bi in verdolten,
des si da niht *en*wolten.
daz duhte aber in ein wirtschaft.
nu gwan er schiere solch chraft
45 swaz im in den munt quam,
daz im deheiner daz ennam,
daz chom davon er werte sich.
er duhte sich so heimlich
daz er sich satzte wider sie
50 und in des sinen niht enlie.
die hunde musen diche jagen,
daz si etwenne in siben tagen
niht enchamen wider heim,
so wurden im elliu diu bein
55 die si alle solden ezen.
de*s* wart er so vermezzen,
het in ein lewe bestan,
er wolt ez im niht vertragen han.
so die hunde danne chamen wider,
60 so warf er ir einen nider
vor dem tische und aber einen
und wolt si an den beinen
deheinen gwalt lazen han.
des mohtens im niht widerstan,
65 si waren von jagen so chranch
daz er si sanfte betwanc.

---

33 arme *H*.   35 den tisch *H*.   40 Svst *H*.   41 dolten *H*.
42 en- *f*.   43 in] si *H*.   47 qvam *H*.   48 dovchte si noch so h.
H.   52 etswen *H*.   54 Do *H*.   56 Der *A*, Des *H*. 59 danne
f. H.   60 er ein. dar nider *H*.   62 wolde s. *H*.   63 Chein *H*.
64 Do enmochten si *H*.   65 von dem *H*.

von siner frævelichen chraft
musen si sin meisterschaft
ze allen ziten liden
70 und musen in vermiden
als er ein leu wære.
    Nu gelichet disem mære:
swa ein gebûer zehove gat
der daheime niene hat,
75 und gesmechet der suzen spise,
so gebaret er in der wise
als er mit alle ein schaf si,
unz er in gewonet bi.
daz er zehove wirt erchant,
80 so muz er sich iesa zehant
den edelen gelichen
und wil den niht entwichen.
so beginnet er danne liegen,
beidiu losen und triegen.
85 sin smeichen wirt so manich valt
daz man im bevilhet einen gwalt;
des wirt er danne so here
daz er die edelen immer mere
dar nach verdruchet swa er mac.
90 under den fuzen er zem ersten lac,
der meister wil er denne wesen
und wil die chume lan genesen,
dar an tut er rehte,
also wil daz ungeslehte.
95 daz ungeslæhte ist also gemût,
wirt im gewalt ode gût
daz er niemen behalten wil.
derselben vinde ich nu so vil
daz ir der tyevel muze phlegen,
100 ichn tun in anders dehein segen.

---

68 mvsten si sine *H*.   70 mvsten *H*.   71 lewe *H*.   73
gebavre zv *H*.   74 niene] niht enhat *H*.   75 der gvten *H*.
80 muz] wil.   84 lesen *H*.   85 Sim.   90 Vnder der fůzze
er e | zv meist'n lack *H*.   91 = *H*, D. m. denne wil w. *A*.
95 D. vngeslaht ist so gemvt *H*.   96 oder *H*.   97 er] iz *H*.
98 nu] noch *H*.   100 dehen *A*, keinen *H*.

19. Der Ochse und die Maus

Ein ochse ob einer chrippe stûnt,
als noch diche rinder tûnt.
da wolde er sten und ezzen.
do chom ein mus vermezzen,
5 diu beiz in vor*n* an den mûnt (!)
und floch hin wider an den grunt,
da si ir niht envorhte.
do si im daz leit geworhte
und er des smerzen enphant,
10 do zuht er uf sa cehant.
dar nach greif er aber dar.
des nam diu mus guten war
und beiz in aber als e,
daz tet im vreislichen we.
15 wider sich selben er do sprach:
'waz tût mir ditz ungemach
daz ichs niht gesehen mac?
ez wær sin jungister tac,
wesse ich waz ez tæte.
20 swie groze chraft ez hæte,
ez muse den lip han verlorn,
mirn geswichen danne min horn,
ode ez entrunne mir fur daz hus.'
do sprac diu wenige mus:
25 'nu bin ich doch hie bi dir
und maht doch niht geschaden mir;
so bize ich dich aber wol
und springe wider in min hol.
da bin ich wol vor dir genesen
30 und must doch ungezen wesen;

19. *A Nr. 98, Bl. 68vb—69rb; H Nr. 173. Pfeiffer Zs. 7, S. 359f. Lesaa. von H nach Pf. und Ros. S. 223. Überschrift in H*: Ditz ist von einem ochsen her Den baiz ein maus harte ser. 1 krippen *H*. 2 So n. vil dicke *H*. 4 chome e. mûs *H*. 5 vor *A*. an den] in sinen *H*. 7 ir] in *H*. 10 zvckte *H*. 13 alsam *H*. 14 Ditz tet dem ochsen harte wê *H*. 16 disen *H*. 18 west *H*. 23 oder *H*. 25 doch *f. H*. 29 dir *f. H*. 30 Du must darumbe an e. w. *H*.

daz du mir træte miniu kint,
diu waren bloz unde blint.'
daz was ein freislicher zorn,
wand er was sere gehorn
35 und was ouch starc und groz
und vorht deheinen sinen genoz.
swie freislich er nu wære,
doch leit er dise swære,
daz er ungaz muse sin
40 durch ein chleinez muselin.
    Swie starc ein man immer si,
si im dehein witze bi,
so si des von mir gemant:
hab*e* er deheinen viant,
45 den habe *ze* maze smæhe.
da er sich niht versæhe,
da fueget *jener* lihte daz
daz er im erzeiget sinen haz.
weiz er daz er starc ist,
50 so gefuget er den list,
daz er in etswa bestat
daz ez der smæhe bezer hat.
wolt diu mus den ohsen han
an einer wite bestan,
55 er het si frides wol erbeten
ode er hete si ertreten.
do bestunt si in da ez ir rehte was
und harte wol vor im genas.

31, 32 *fehlen A.*   33 D. w. dem ochsen harte zorn *H.*
34 Wand *f. H.* vil s. *H .*   35 E. w. st. kůne u. gr. *H.*
39 an ezzen *H.*   42 Doch ste der wisheit bi *H.*   43 Da
get im selten icht abe *H.*   44 Ob er keinen vint habe *H.*
Habebe *A.*   45 haben *H.* ze *f. A.*   46 Da er sichz *H.*
47 immer *A.* l. iener d. *H.*   48 zeiget *H.*   50 Da wider
vindet *H.*   51 ern etewa *H.*   52 smæhe] swacher *H.*
56 oder *H.*   57 ir *f. H.*

20. Der Hase

Ich hore sagen fur war:
swer einen hasen drizech jar
an einem bande behabe
und ziehe er im dazselbe abe,
5 ern werde dannoch wilde.

Ditz ist ein gelichez bilde:
swie lange ein man die ere hat,
swenne er si uz der hute lat,
si wirt im wilder danne ein hase
10 der da loufet in dem grase.

---

20. *A Nr. 102, Bl. 70vb; H Nr. 175 b; E., Bl. 69rb. In A auch unter Nr. 50, Bl. 36v—37v, wo wie in H 3 verschiedene Gedichte ohne Absatz folgen (Die milde Königin, Ehre und Seelenheil, Der Hase). Ros. S. 159 mit Lesaa. von E. Die Lesaa. von Nr. 50 gebe ich als A_1, die von H nach Ros.* 2 Swer] Der A_1 H. drizzic E, zehen A_1H. 3 gehabe A_1H. 4 Gezihe er A_1H, E = A. dazselbe] daz seile H, daz bant A_1E. 5 Er w. A_1HE. 6 Daz A_1H. 7 sin ere E. 8 hût A_1. 9 im noch w. denne der has A_1. der hase H. 10 da f, A_1. an d. gras A_1.

Alle Lesarten von E gebe ich hier wie in den folgenden Gedichten nach dem Film. Rein Lautliches ist bei Angaben, die für mehrere Hss. stehen, jedoch nicht berücksichtigt.

21. Der Rabe mit den Pfauenfedern

Ein rabe chom an ein gras;
do vant er daz im liep was:
phawen veder ein vil michel teil.
des wart er fro und geil.
5 die stiez er alle an sich.
do wart er harte wunnechlich
und gie da er sin gnozen vant.
zu den sprach er cehant:
'nu sehet, wie rehte schon ieh bin.
10 ez wære ein michel unsin
daz ich mit euch solde umbe gan:
ir sit so ubele getan,
ich seh euh alle toten
e ich mich des liez benôten.
15 daz ich mit iu solte sin,
darumbe spottet man min.'
alsus wart im *von* dannen gach,
und chom vil schiere dar nach
da in die pfawen sahen.
20 die begunden dar gahen.
swelch ir vedern da gesach,
diu gie dar unde sprach:
'disiu veder diu ist entriwen min,
sine sol niht lenger bi dir sin,

21. *A Nr.103, Bl. 70vb—71rb*; *H Nr.170*; *B, Bl.39ra—va.*
E, Bl. 72rb. Pfeiffer Zs. 7 S. 365—67. Lesaa. von HB nach
Pf. Überschrift in H: Ditz ist des Raben mere Got bûzze
uns unser swere; *B*: Daz mer von dem rappen. 1 rappe *BE.*
geflogen an *E.* auf *B.* 2 Da *HB.* 3 vedern *HBE.* 4 Daz
doucht im (in *B*) ein (vil *H*) grozez heil *HB.* 5 alle *f. B.*
6 er gar w. *B.* 7 do *HE.* sine gen. *HE.* 8 sa zû h. *E.*
9 Nu — rehte *f. HB.* 11—14 *nur in HB.* 11 eu sol *B.*
12 gar grâwlich *B.* 13 Ich wolt ew all lazzen t. *B.* 14
nôten *B.* 15 Ob *B.* ich nu *E.* bei ew *B.* wolde *HB.*
17 Sust *H, f. B*: Im wart *B.* von *f. A*, von d. *HB*, von in *E.*
20 zû im *E.* 21 Swelchev *H*, Swelher sein veder *BE.*
do *E.* sach *HBE.* 22 Der *BE.* lief in an *HB.* 23 Die *E.*
diu *f. HBE.* entrun *E.* 24 Sin *HB*, Sie *E.* mit d. n. l. s. *H.*

25 weizgot, du læst si mir.'
   also zuhte isliche die ir,
   unz er wart swarz alsam e.
   do wart im zweier dinge we:
   daz im die vedern waren genomen
30 und ŏch niht torste chomen
   zu andern sinen gnozen;
   er vorhte spot grozen,
   den wolt er niht liden
   und begunde si durch daz miden
35 und meit si ein vil lange zit.
   iedoch erbaldet er sit
   und gie baltlichen dar.
   da si wrden sin gewar,
   si sprachen alle: 'chumst du,
40 wa sint din schone vedern nu?'
   des vragten si in alle,
   und brahten in so zeschalle
   daz im lieber wær geschehen,
   het er die vedern nie gesehen.
45   Alsus tût ein betrogen man,
   und chumt in ein gwalt an,
   so vert er mit schalle
   und versmæhet die alle
   den er ê was gelich,
50 und machet sin dinc so herlich
   daz er selbe wænen wil
   daz niemen tugende hab so vil

---

25 Du lezzest sie werlichen *H*, du must sei lazzen *B*.
25, 26 Sin veder zuckt er im do   Jeglicher tet im also *E*.
26 Do *H* Da *B*. ir iesl. *HB*.   27 Untz daz *H*, Hintz *B*,
Biz *E*. sw. w. als *HB*.   28 was *HB*.   30 ŏch *f. HB*. hin (*H*)
wider getorste *HBE*.·   bechomen *A*.   32 Da v. er *HB*.
Er v. den sp. so gr. *E*.   33 D. er da mûste l. *E*.   34 Er b. *B*.
durch daz *f. B*.   35 sich ouch *H*.   vil *f. H*.   37 blŭckl. *E*,
plåwikl. *B*, blodicl. *H*.   38 sin w. *E*, des w. *HB*. alle
gew. *E*.   39 Do sprachens *H*, Do komens *B*.   40 die
schonen *H*.   41, 42 *umgestellt B*.   42 in *f. H*.   so *f. B*.
45 Also *HBE*.   46 Und *f. HBE*ē. Swne in *E*, den *B*.
48 danne die *E*.   49 vor *E*. doch e *H*, doch was e *B*.   51 des
selbe *HB*.   52, 53 D. got tugend an in ein also vil So
an in habe g. *E*.

als er habe an sich geleit,
und machet mit siner betrogenheit,

55 swenne im der gwalt wirt benomen
und er uz dem schalle můz chomen,
die in ê vil gerne sahen,
sæhen si in denne hahen,
darumbe lobten si alle got.

60 so muz er immer ir spot
liden unz an sinen tot.
daz erholt er *allez* an not.
des ist er tump der sich so traget
daz niemen sinen schaden chlaget.

---

53 Sam *H*. gelit *A*. 54 So m. in s. *E*. *Darauf in E*: Daz
im die lůte vint sint Des ist manig' an den augen blint Vñ
weiz niht reht waz er tůt Hintz er vellet in die glůt.
55 Daz im sin g. *E*. 56 Vñ auch wieder *E*. 57 Aber die *E*.
ê] do *E*, da *B*, da vor *H*. 58 Vñ s. in die *E*. 59 D. so l. *E*.
alle *f. HB*. 60 denne i. i. sp. *E*. ir *f. B*. 61 hintz *BE*.
62 bejaget *HB*. allez *f. A*. 63 wer s. betr. *H*. Der eren der
er het beiagt *E*. *In B nach 64 noch 8 Verse*: Ein man der
weise list wol kan Pehalten ain yegleichen man Mit
seiner zucht mit seiner tugent Daz frumt im in seiner
jugent Daz merk ain yegleich man Daz er den rat be-
halten kan. Hie hat ein end daz mer gut Got wend uns
allen ůbermut.

22. Der Vogel und der Sperber

Uf einem grunen rise
sanc ein vogel sine wise
eines morgens vil frů.
im was so ernst dar zů
5 daz er sin selbes vergaz
und also singende saz,
untz ein sparwære dar swanc
do er aller wnnechlichiste sanc
und nam in in sine fuze.
10 da wart im sin stimme unsuze
und sanc als die da singent
die mit dem tode ringent.

Also vreunt sich der werlde chint,
die so vaste mit der werlde sint
15 daz si got verlæzet under wegen
und wellent deheiner vorhte phlegen
und tunt swaz in gevellet,
unz si der tot ersnellet
und si *wü*rget als drate
20 daz in *h*elfe chumt zespate.
sus nimt ir vroude und ir spil
ein bôser ende und ein zil
danne des v*o*gels der da sanc,
unz er den tot damit erranc.
25 die not die im sin sanc erwarp,
der was ein ende do er starp.
so ist der werlde chinde not,
die ane riwe ligent tot
an ende und also manichfalt
30 daz si *i*mmer belibent ungezalt.

---

22. *A Nr. 107 Bl. 72rb—va; E Bl. 80vb. Pfeiffer Zs. 7, S. 331f., danach Goedeke S. 638f. Lesaa. von E nach d. Film.* 1 schônen gr. *E.* 2 vogelin *E.* 5 gar verg. *E.* 6 Und do er also *E.* 7 ein sper. sich do dar sw. *E.* 9 sine] die *E.* 10 im f. *E.* 13 frâuwet *E.* 14 D. m. d. w. so v. s. *E.* 15 lazzent *E.* 18 Hintz *E.* 19 si verget *A*, würget sie so dr. *E.* 20 zeh. *A.* 22 bôsers *E.* 23 vgels *A*, der vogel *E.* 24 Hintz *E.* 29 so *E.* 30 nimmer *A.*

23. Die drei Wünsche

Ein man sprach ze sînem wîbe:
„an unser zweier lîbe
tuot Got grôz ungenâde schîn,
daz er uns sus lât arme sîn.
5 soldę ich unz an mînen tôt
von armuot lîden solhe nôt,
ich wolde mich selben tœten ê.
mir tuot diu armuot sô wê,
daz ich enweiz, wie ịch gebâren sol.
10 ich bin zorns und leides vol.
ichn kan des niht versinnen mich,
daz ich mich iender wider dich
verworht habę oder wider Got.
hâstû iender Gotes gebot
15 zebrochen, daz solt dû mir sagen.
ich hilfe dir die buoze tragen,
unz ich dich dîner schulde
bringę an Gotes hulde.“
si sprach: „swaz ich begangen hân,
20 daz hân ich gar mit dir getân.“
er sprach: „sôn ist mir niht bekant,
warumbe Got uns habe gepfant
êren und grôzes guotes.
Got ist sô rehtes muotes,

---

23. *Der Text ist nach A H B E hergestellt, s. Vorwort S. XII.*
A Nr. 35, Bl. 24ra—25rb; H Nr. 137; K Nr. 130; B Nr. 38;
E Bl. 87ra—88vb. W. Wackernagel, Altd. Leseb. Sp. 814—
819; Schädel-Kohlrausch S. 192 ff. nach Wackernagel (ältere
Aufl.); v d. Hagen GA Nr. 37, 2. Bd. S. 253—259 und
Lesaa. S. 682 f.; Ros. Mären Nr. 1, S. 1—8. Lesaa. von
H K B nach v. d. Hagen und Ros., zu E s. S. 65. Überschrift
in H: Ditz ist ein mere zehalten Von drin wunsch-
gewalten; *in B:* Ein mer von drein wunschen; *in E:*
Von eim man vñ võ sinē wibe. 2 zweier *A H,* beider *B E.*
3 grozzer vngenad *A.* 4 vns lat so armen s. *A.* 8 diu *f. H,*
din *E.* 13 ode *A E.* 17 vmb dein schuld *B.* 18 Wider
bring ze *B E.* 20 D. ist g. *H.* gar] alz *B.* 21 Son *A,* en- *f.*
sonst. 23 Grozer e. u. g. *B E.* 24 gerehtes *E.*

25 gerten wirs als wir solden,
   er wertẹ uns, swes wir wolden.
   wir suln wachen über maht
   und bitten in tac und naht
   daz er uns gebe michel guot.
30 ersiht er unsern stæten muot
   und die grôzen arbeit darzuo,
   die wir beide spât und vruo
   mit der bete lîden müezen,
   er beginnẹt sị uns lîhte büezen."
35 „daz tuon ich gerne," sprach daz wîp,
   „sol ichs verliesen danne den lîp,
   sô tuot mir baz ein kurzer tôt,
   dennẹ daz ich ein lange nôt
   vor armuot müeze lîden:
40 die wil ich gerne mîden."
   sine sûmten sich niht mêre,
   si bâten Got vil sêre
   umbe werltlîche rîchheit
   und liten michel arbeit,
45 mit wachen und mit vasten
   enliezen sị ir lîp niht rasten
   mit venjẹ und mit gebete.
   swaz ieman mit gebete tete,
   des liezen sie niht under wegen.
50 des begunden sie sô lange pflegen
   unz Got ir tumpheit schande
   und in sînen engel sande.
   der quam, dâ er den man vant,
   zuo dem sprach er zehant:
55 „dû ensolt niht bitten umbe guot.
   Got hât sô gẹnædịgen muot,
   soldestû guot gehabet hân,
   er hæte dir daz reht getân,

---

25 Gert *BHK.* wir sein *B.* 26 geb *B.* swaz *BE. Nach 26 in BE:* Wir sullen die gir nu keren Mit alle nach gotes eren. 27 Und s. *BE.* 30 = *A (v. d. Hagens Angabe stimmt nicht).* 32 beide *f. ABE.* 34 si *f. A,* sin *H.* 36 v. minen l. *BE.* danne *nur A.* 37 baz *statt 37 vor* danne 38 *BE.* 39 Von a. *A.* 41 Do s. sie ez n. m. *BE.* 42 manten *BE.* 46 Sinen liezen *H.* 50 Und b. sin so l. *BE.* 58 daz *nur A.*

als er den andern allen tuot,
60 die er læt haben michel guot.
ich bin der engel der dîn pfliget:
daz dir dîn tumpheit angesiget,
des verliuse ich mîn arbeit.
daz ist mir inneclîche leit.‘‘
65 er sprach: ,,daz ich niht guotes hân,
dâ hât mir Got gewalt getân,
ich wære als wol guotes wert,
als alle die ẹr guotes hât gewert.
gæbẹ er mirz, sô soldẹ ichz hân,
70 er müeze gẹnâdẹ an mir begân.
ich bittẹ in iemer umbe guot,
unz daz er mînen willen tuot.‘‘
dô sprach der himelische bote:
,,sît dû dem oberisten Gote
75 niht gelouben wilt noch mir,
sô wil ich guotes geben dir
noch mêre dennẹ ein michel teil,
daz dû versuochest dîn heil.
wirstû dannẹ ein arm man,
80 dâ bistû selbe schuldic an.
habe drîer wunsche gẹwalt:
swie dîn wunsche sîn gestalt,
die ersten drî die werdent wâr.
soldestû leben tûsent jâr,
85 dû hâst mêre denne vil,
ob guot mit dir wesen wil.‘‘
er sprach: ,,sô bin ich rîche.‘‘
er gie vil vrôlîche
hin heim zuo sînem wîbe.

59 andern reht *H.*   60 michel *f. E.*   62 die t. *H.*
64 Mir ist i. daz l. *A.*   65 guot *AH.*   66 Da tvt mir got
gwalt an *A.*   67 bin *E.* Als w. pin ich g. w. *B.*   68 Sam *H.*
Als alle (*f. E*) die *ABE.* 69 sol *H,* solde *A.* mir ez ich sold
BE.   70 Ir muvst *H.*   71 dich *BEH,* in *A.*   72 Hinz
er *BE.*   75 wil *AH.*   79 armer *H,* arm *ABE.*   81 Nu h.
dir *B.* 82 sin *nur E, sonst* sint.   83 Die w. alle dri w. *BE.*
84 hundert *BE.*   85 So h. du *E.*   86 Ob daz g. *H.* daz
f. ABE. Ob g. bei d. beleiben w. *B.* mit d. bel. *E.*   87 so]
nu *BE.*   88 gahte *B,* gahet *E.*

90 er sprach: „unser zweier lîbe
 hât Got ir nôt erwendet,
 er hât uns guot gesendet
 mêr denne wir in gebeten hân.
 wir mugen in wol mit vride lân
95 und mugen wol mit vröuden leben.
 er hât drî wunsche mir gegeben,
 die werdent wâr alle drî:
 nû rât, waz uns daz beste sî:
 dunket dich daz wol bewant,
100 sô wil ich wünschen zehant
 von golde einen grôzen berc
 und darumbe ein sô vestez werc
 von einer hôhen mûre guot,
 daz uns daz vihe niht entuot.
105 daz wünsche ich zeinem mâle wol.
 oder ich wünsche einen schrîn vol
 swie guoter pfenninge ich wil,
 der iemer sî gelîche vil,
 swie vil ich drûz genemen kan
110 und swem ich drûz ze nemen gan,
 daz er doch sî gelîche vol.“
 dô sprach daz wîp: „ich hœre wol,
 wir haben mêre denne vil.
 nû tuo des ich dich bitten wil:
115 dû solt mir einen wunsch geben
 und solt dâwider niht enstreben,
 dû hâst genuoc an den zwein.
 dû weist wol daz ich mîniu bein
 sô vil darnâch gebogen hân,

---

90 er spr. *f. A.* 91 ir] diu *B*, die *E*. 92 erw. *ABE*,
vorendet *H*. 93 Noh m. *BE*. in *f. BE*. 94 woljin *A*. *Nach
94 in BE*: Und biten in niht mer umbe guot er hat
erfüllet unsern muot. 95 wir m. mit fr. (immer *E*) l. *BE*.
99 bew. *BE*. gew. *AH*. 101 = *ABE*, vol goldes *H*.
105 Des *A*. zu einem wunsche *HE*, ains wunsches *B*.
108 ewikleich *B*. 109 nemen *AB*. 110 Oder *BE*. ze *f. E*.
112 Daz w. spr. *BE*. 113 nu mer *BE*. ze vil *E*. *Nach 114
in BE*: Durch die triuwe die du mir Leisten solt und ich
dir. 116 niht d. w. str. *BE*. en- *f. allen Hss*. 119 So
f. BE.

120 ez hât Got alsô wol getân
    durch mîn gebet sam durch daz dîn:
    ein wunsch ist billîche mîn."
    er sprach: „habe dir einen,
    ich engibe dir mê deheinen,
125 nû sich, daz dû įn bestatest sô,
    daz sîn al diu werlt werde vrô."
    „nû wolde Got," sprach siu zehant,
    „hæt ich daz beste gȩwant
    iezuo an mînem lîbe
130 daz an deheinem wîbe
    ze dirre werlt ie wart gesehen!"
    als der wunsch was geschehen,
    dô het si daz gewant an.
    „wê mir wê!" sprach der man,
135 „dû vil unsæligez wîp,
    dû möhtest aller wîbe lîp
    vil wol ze dir gekleidet hân,
    und hætest dannoch baz getân,
    wærstû ieman holt gewesen.
140 dîn sêlȩ ist iemer ungenesen,
    daz dû niemans vriunt gewesen bist.
    daz wolde der heilįge Krist,
    sît dû triuwen bist sô lære,
    daz ez dir in dem bûche wære,
145 daz dû gewandes wurdest sat!"
    daz wart wâr an der stat,
    daz gewant was in dem wîbe,
    daz hæte si in dem lîbe
    vil nâch gezerret enzwei.
150 vil ungevuoge siu dô schrei,
    wand ir was wirs denne wê.

---

120 als *AB*, also *HE*.   121 sam] als *BE*.   124 mer *A*.
125 Vñ *H*. in] den *BE*. gest. *A*. so] wol *B*.   126 sin]
ez *H*. D. wir sin werden frawden vol *B*. 127 Do *H*, Daz
BE.   129 Alls *B*, Allez *E*.   130 frawen oder an w. *BE*.
131 In der w. w. g. *AB*, zů-ie *E*.   135 un- *f. H*.   136 wol
aller *H*. frowen *B*. 137 ze] mit *BE*.   138 dannoch] wol *B*,
verre *E*. 139 niemen *B*. 143 so *nur BE*. 144 ez in deim
b. *B*. 148 in ierm l. *E*.   149 gerizzen *E*. Vñ het si gerizzen
nah e. *B*.   150 do *f. HE*. Wie iæmerleich si *BE*.

siu schrei ie mê und mê.
dô man gehôrte disen schal,
die gebûren quâmen überal
155 und vrâgten waz ir wære.
dô sagt si in daz mære
daz ez ir von ir manne gęschach.
daz was ir vriunden ungemach,
die dröuten im mit schalle
160 und sprâchen daz alle:
„lœset ir uns niht daz wîp,
wir nemen iu iezuo den lîp."
sie zuckten ir mezzer und ir swert
und drungen vaste darwert.
165 dô er wol hôrte unde sach
beidiu des wîbes ungemach
und sîner vîende drô,
dô machtę ers alle samet vrô,
er sprach: „daz wolde Got, unser trôst,
170 daz si sanfte wærę erlôst:
daz siu gesunt wærę als ê."
dô enwart ir aber niht wê mê,
si was ir ungenâden vrî
und heten die wunsche alle drî
175 ein schentlich ende genomen
und wâręn sie des zęende komen
daz sie niht guotes solden hân.
sie heten beidiu missetân;
doch wart dem man der schult verjehen,
180 dem was ouch vaster misseschehen.

---

153 Do si gehorten den sch. *BE*. 153/154 *umgestellt*
in B. 154 burgern *A*, lût *B*, liute *E*. 156 Nu seit *E*.
157 Wie ez *E*. ir] dem *BE*. 159 im] ir *HK*. Die drungen
zu m. sch. *BE*. 160 daz] zorniklichen *BE*. 161 Erlôsent *B*.
162 iezunt *E*. 163 ir *fehlen ABE*. M. u. sw. si zuckten *BE*.
164 Auf in si do ruckten *B*, Dar nach her sie do ruckten *E*.
165 Als er do *BE*. 166 Sines w. u. *BE*. 167 U. dar zuo
(irre *E*) freunde dro *BE*. 168 er si *BE*. 169 Und spr. d.
w. uns(er *E*) aller trost *BE*. Er spr. f. *A*. 170 wurde *AB*.
171 Vñ daz *B*. 172 Do ne war *A*. we f. *A*. Da wære *B*.
ir laides n. (nihs nit *E*) me *BE*. 173 ir] der *BE*. 176 Nu
BE. sie f. *A*. zꝰ *E*. 179 Des w. ir sch. verj. *BE*. 180 In
wer beiden m. *BE*.

des wart im wol vergolten,
er wart sô vil gescholten
und wart sô gar der werlde spot
daz er unsern hêrren Got
185 niht anders bat wan umbę den tôt.
sîn schande was ein grôziu nôt.
dô wart sîn unwerdikeit
vil volleclich ein herzeleit.
sîn laster und sîn schande
190 fulten allen in dem lande
beide naht und tac ir ôren.
er wart vor allen tôren
mit worten ungeschônet
und wart sô gar verhônet,
195 daz er vor leide verdarp
und durch daz leit vor leide starp.

Swer sô vil guotes noch verlür,
swie grôze klagę er drumbę erkür,
er enmöhtez doch vol klagen niht,
200 als uns des tôren sitę vergiht.
unrehtiu gir, unrehte bejagen,
und nâcħ vlustę unrehtez klagen,
daz ist wan der tôren ahte.
die tôren sint drîer slahte:
205 die niht sinne hânt gewunnen,
die enwizzen noch enkunnen;
die andern wellent wizzen niht,
die sint noch vürbaz enwiht;
sô sint die dritten sinne vol,

181 dem manne *BE*. 182 so gar besch. *BE*. 183 wart
f. *BE*. 186 schade *HBE*. 187 was *BE*. 188 sein *B*.
190 Die fu. *BE*. folten allen den in d. l. *A*. Svlten *HK*.
allem dem l. *E*. 191 Aller lâute ir oren *B*. Tag u. n.
die o. *E*. 192 Er wer v̂ber ander t. *BE*. 193 be-
dônet *BE*. 194 gehœnet *ABE*. 196 Und von grozzem
laid st. *B*. 197 Swer noch *AB*. 198 gr. laid *BE*. er
dan kür *B*. chvr *A*, erkðr *E*, v̨chvr *HK*. 199 doch f. *H*.
daz verkl. *B*. 200 des] der *A*. giht *H*. 201 vnrehtez
bej. *A*. 202 Vnrechte rede· vnrechtez sagen *E*. 203 wan
f. *H*. aht : slaht *A*. 208 vurb.] går̓ *B*.

210 die kunnen unde wizzen wol
und tuont daz bœsiste dâbî
swie ez in allen kunt sî.
manic tôre ist des muotes,
ob er vil vriundę und vil guotes
215 gewinnen und behalten kan,
sô dunkęt er sich ein wîse man.
swaz vriundę er hât, swie rîchę er ist,
und ist der vil heiligę Krist
sîn vriunt niht alters eine,
220 sô hilfet ez allez kleine,
swaz er vriundę und guotes hât.
swennę er vriundę und guot lât,
ist im diu sêlę dannę ungenesen,
sô ist er ie ein tôrę gewesen.
225 swer die sêle niht ernert,
der ist ein tôre, swie er vert.
ez enhât nieman wîsen muot,
wan der Gotes willen tuot.

---

212 Wie wol ez *B*. im allez *A*. 214 vröude *BH*. vil *f. E*.
216 wiser *BE*. 217 vröude *BH*. 218 Ist unser herre
Jesu Cr. *BE*. 219 al eine *A*. 220 allez] gar *B*, hart *E*.
227/28 *f. E*, in *B dafür*: Hie hat daz mer ain ende Got
vns alle torhait wende.

24. Die Gäuhühner

Ez was hie vor ein burch stat,
diu machet manigen riter mat.
ein riter wolte druf wesen
und wande da vil wol genesen.
5 er bowete da ein veste
so ers aller beste
druffe machen chunde.
in einer churcen stunde
warf si diu ertpide nider.
10 do bowete aber hin wider
und verlos aber sin habe,
si brant im der doner abe.
sus wart er dicke hus los.
swie manic hus er da verlos,
15 so geviel im doch daz leben da
baz danne iender anders swa.
er bowete ie baz und baz.
also lange tet er daz
daz er sin gut verzert
20 und sich diu stat erwert,
daz si zejungist ôde beleip
und ouch den riter da vertreip
und vertreip vil manigen sit.
nu habent gnuge den strit
25 daz si dar uf bowent noch,
und erwert sich an allen doch.
diu stat lat iu sint bechant:
si ist daz gou genant.
die des geniezen wolten
30 furbaz danne si solten

---

24. *A Nr. 45, Bl. 31*^{rb}—*32*^{rb}; *H Nr. 150*; *K. Pfeiffer Germania 6, S. 460—465 u. Sonderdruck Wien 1859*; *Ros. S. 122—125, Meyer-Benfey S. 68—73. Lesaa. von H nach Ros. und Meyer-B., von K nach Pfeiffer (ich gebe K jedoch nur bei Abweichungen von H). Überschrift in HK:* Ditz ist ein hvbschez (schonez *K*) mere   Von den Gevhvneren (lober'e *H*).   1 Ez *große Initiale H.* bvrkstat *H.*   2 Die machte mangen Ritter mât *H.*   3 drv̂ffe *H.*   4 wante —

24. Die Gäuhühner

Ez was hie vor ein burcstat,
diu machte manigen ritter mat.
ein ritter wolde drûffe wesen
und wânde dâ vil wol genesen.
5 er bouwete dâ ein veste,
sô ers aller beste
dar ûf gemachen kunde.
in einer kurzen stunde
warf sie diu ertpibe nider.
10 dô bouwetẹ er hin wider
und verlôs aber sîn habe,
si brant im der doner abe.
sus wart er dicke hûs lôs.
swie manic hûs er dô verlôs,
15 sô geviel im doch daz leben dâ
baz dannẹ iender anders swâ.
er bouwetẹ ie baz und baz.
alsô lange tet er daz
daz er sîn guot verzerte
20 und sich diu stat erwerte,
daz si zejungist œde bẹleip
und ouch den ritter dâ vertreip,
und vertreip vil manigen ritter sît.
nû habent gẹnuoge den strît
25 daz si dar ûf bouwent noch,
und erwert si sich in allen doch.
Diu stat lât iu sîn bekant:
si ist daz göuwe genant.
die des geniezen wolden
30 fürbaz danne si solden

vil f. H. 5 bovte H. 6 er si H. 7 Dar vf gem. H. 8
chvrzen H. 9 die ertpibede H. 10 Als er gebovte dar w.
H. 11 Da verlos er aber H. 13 Svst — hvselos H. 14
manich do H. 15 daz wesen H. 16 denne inder anders-
wa H. 17 bovte H. 19 verzerte: er werte H. 20 die H.
21 zv Jvngest ode H. 22 avch H. 23 mangen Ritt'
sit H. 24 hant genvge H. 25 vffe bovent H. 26 si s.
in H. 27 Die st. l. evch sin bekant H. 28 Sie- Gewe H,
gew K. 30 Vurbaz dan sie scholten H.

und dar uf boweten veste
und der ie wurden geste,
der ist gewesen harte vil.
swer uf daz gôu zimbern wil,
35 der hat vil schiere bejaget
daz man zeallen ziten chlaget
dem landes herren uber in.
zejungist sændet er dahin
und heizet daz hus brechen.
40 sus chan daz gôu rechen.
da ist des herren gwalt
zu der ertpibe gezalt.
der herre schadet noch furbaz:
diu ertpibe leibet etwaz,
45 so enleibent des herren boten niht,
daz beste daz von in geschiht,
so si daz gou rechent,
ob si daz hus niht brechent,
so wirt iz doch von in verbrant.
50 daz hat der donr dar gesant,
daz fiwer daz also rihte
und die chrumben voite slihte.
daz gôu hat so grozze chraft,
an im wirt nieman sigehaft.
55 ez pflage ie daz immer pfliget,
des ez in allen angesiget
die ez niezen wellent ane reht,
ez si riter oder chneht.
der mut druffe zehusen hat,
60 der sehe wie Chirhlinge stat:
daz stiezen gou huner nider.
den gouhunern ist niht wider,
die heten ie vil grozen pris.
si lazent rehte in tracken wis

---

31 bovten *H*. 34 gewe zimern *H*. 35 schire *H*. 36 zallen
z. claget *H*. 38 Ze Jvngest sendet *H*. 40 kan sich d. Gew
H (*urspr. hvs — auch in K — dann Tilgungspunkte u. Ver-
weiszeichen, am Rand* Gew). 41 gewalt *H*. 42/44 ertpibede
K. 43 schat *H*. 44 Die ertpide l. etewaz *H*. 47 Gewe *H*.
reḥchent *A*. 49 ez — im *H*. 50 doner *H*. 51 fewer richtet

und dar ûf bouweten veste
und der ie wurden geste,
der ist gewesen harte vil.
swer ûf daz göuwe zimbern wil,
35 der hât vil schiere bejaget
daz man zeallen zîten klaget
dem landeshêrren über in.
zejungist sendet er dâ hin
und heizet daz hûs brechen.
40 sus kan sich daz göu rechen.
dâ ist des hêrren gewalt
zuo der ertpibe gezalt.
der hêrre schadet noch fürbaz:
diu ertpibe leibet etewaz,
45 sô enleibent des hêrren boten niht;
daz beste daz von in geschiht,
sô sie daz göuwe rechent,
ob sie daz hûs niht brechent,
sô wirt ez doch von in verbrant.
50 daz hât der doner dar gesant,
daz fiuwer daz alsô rihtet
und die krumben voite slihtet.
daz göu hât sô grôze kraft,
an im wirt nieman sigehaft.
55 ez pflac ie des ez iemer pfliget
daz ez in allen angesiget,
die ez niezen wellent âne reht,
ez sî ritter oder kneht.
der muot dar ûf ze hûsen hât,
60 der sehe wie Kirchelinge stât:
daz stiezen göuhüener nider.
den göuhüenern ist niht wider,
die heten ie vil grôzen prîs,
si lâzent rehte in tracken wîs

H.   52 krvmmen v. slihtet H.   53 gewe — groze kraft H.
54 niem H.   55 Iz pflag ie des ez H.   56 Daz H.   57 Di iz
mezzen wellen vber r. H.   58 Ritter oder kneht H.   59 dar
vf zv H.   60 gevchlinge H.   61 Gevhvnere H.   62 Gev-
hvnern H.   63 Sie H.   64 recht entracken H.

65 daz fiwer uz dem munde gen.
   in mac ein berch niht vor gesten,
   ders ungenædic wellent wesen,
   diu ist vor in vil ungenesen.
   ir stimme ist ein donrslac,
70 si schrient daz manz horn mac
   in dem lande uber al.
   ir zorn machet burge val.
   swie groz veste ein burc habe,
   si brennents oder stozzents abe,
75 als Chirchelinge taten.
   man machs ungerne braten,
   sit si sich also rechent,
   dass burge nider brechent.
   swie ôde Chirchelinge ste,
80 der huser ist ze Osterriche me
   die ez gou habent zebrochen.
   ez hat sich so gerochen
   daz sis noch alle enkolten
   die daz gou twingen wolten.
85 swer mut zestæten dingen hat,
   der nem die niht an sinen rat
   die in uf daz gou reizzent
   und in daz niezen heizzent
   und sprechen durch ir geslende:
90 'herre, ir sit ellende
   in iwer besten chunde,
   daz ist ein michel sunde.
   ir gebaret rehte in gastes wis.
   welt ir gwinnen grozen pris,
95 so erzeiget iuch des mutes,
   daz ir libes und gutes
   ein meister und ein herre sit,
   und machet iwern gwalt wit.
   habt ritterlichen mannes mut,

---

65 fewer *H.*   66 In en mag ein bvrk *H.*   67 vngenedich *H.*
68 Die *H.*   69 doner slack *H.*   70 Sie—man iz horen mack
H.   72 der ma. *H.*   73 groze — berk *H.*   74 brennens o.
stozens *H.*   75 Als sie chirlinge *H.*   76 mack sie *H.*   77 Sint
H.   78 Daz sie *H.*   79 ode chirlinge *H.*   80 Daz hvs ist daz

65 daz fiuwer ûz dem munde gân.
in enmac ein burc niht vor gestân.
ders ungenædic wellent wesen,
diu ist vor in vil ungenesen.
ir stimme ist ein donerslac,
70 si schrîent daz manz hœren mac
in dem lande überal.
ir zorn der machet burge val.
swie grôze vestę ein berc habe,
si brennents oder stôzents abe
75 als si Kirchelinge tâten.
man macs ungerne brâten,
sît sie sich alsô rechent
daz si burge nider brechent.
swie œde Kirchelinge stê,
80 der hiuser ist ze Œsterriche mê,
die daz göu hât zebrochen.
ez hât sich sô gerochen,
daz sis noch allę engolten,
die daz göuwe twingen wolten.
85   Swer muot ze stæten dingen hât,
der neme die niht an sînen rât
die in ûf daz göuwe reizent
und in daz niezen heizent
und sprechen durch ir geslende:
90 'hêrre, ir sît ellende
in iuwer besten künde;
daz ist ein michel sünde.
ir gebâret rehtę in gastes wîs.
welt ir gewinnen grôzen prîs,
95 sô erzeiget iuch des muotes,
daz ir lîbes unde guotes
ein meister und ein hêrre sît,
und machet iuwern gęwalt wît.
habęt ritterlîchen mannes muot,

---

osterriche mê *H*. 81 D. daz gewe hat *H*. 82 Iz *H*. 83 siz
— engolten *H*. 84 gewe *H*. 85 Swer *große Initiale*. zv
steten eren h. *H*. 86 neme *H*. 87 gev reitzen *H*. 88
heizen *H*. 91 ewer *H*. 93 reht *H*. 94 gewinnen *H*.
95 evch *H*. 96 vnde *H*. 98 ewern gewalt *H*. 99 Habet *H*.

100 lat iu dienen liute und gut
 .in der gegende swes ez si,
 des enlazet ir deheinen fri.
 ez chumt vil schiere an die frist
 daz daz ir beste vreude ist,
105 daz si iwer hulde muezen han
 und sint iu gern undertan.
 so furhtent die richen iwer chraft,
 die armen sint iu diensthaft.
 wir chunnen mit gefugen dingen
110 die liute wol dar zu bringen
 daz si iu dienent alle tage
 mit gutem willen ane chlage.
 swaz wir mit guten *m*innen
 noch hiute an in gewinnen,
115 daz muezens ouch zejare geben.
 da geturrens nimmer wider streben,
 so muzzen siz ouch iemer tûn.
 swer iu hiute git ein hûn,
 der git iu ane geschrei
120 zejare driu odre zwei.
 so wæhset iemer mere
 iwer frum und iwer ere
 und wert werder danne ê.
 swelich geboure iu wider ste,
125 den gewinnet zeinem ampt man:
 swaz er geleisten danne chan,
 daz ist iemer iwer eigen.
 sus sult irs alle neigen
 mit listen unde mit gwalt,
130 sus werdet ir mit eren alt.'
 die ir herren also heizzent leben,
 daz sint verworht ratgeben;
 die hant niht willen wan dar zu

---

100 evch d. levte *H.*   101 gegent swez *H.*   102 vrî *H.*
103 Iz chvmet schire a. d. vrist *H.*   105 ewer h. mvzen *H.*
106 evch gerne *H.*   107 vurchtent d. r. ew' kraft *H.*
108 evch *H.* 110 levte *H.*   111 evch *H.*   112 clage *H.*
113 winnē *A.*   114 hewer ab *H.*   116 getvrren si niht w. *H.*
117 mvzens s. o. immer tvn *H.*   118 evh hewer g^eit e.

100 lât iu dienen liutẹ und guot
in der gegende, swes ez sî,
des enlâzet ir deheinen vrî.
ez kumẹt vil schiere an die vrist
daz daz ir beste vreude ist,
105 daz sị iuwer hulde müezen hân
und sint iu gerne undertân.
sô fürhtent die rîchen iuwer kraft,
die armen sint iu diensthaft.
wir kunnen mit gefüegen dingen
110 die liute wol darzuo bringen,
daz sie iu dienent alle tage
mit guotem willen âne klage.
swaz wir mit guoten minnen
noch hiuwer ab in gewinnen,
115 daz müezens ouch ze jâre geben.
dâ geturrens niemer wider streben,
sô müezen siz ouch iemer tuon.
swer iu hiuwer gît ein huon,
der gît iu ânẹ gẹschrei
120 ze jâre driu oder zwei.
sô wehset iemer mêre
iuwer frum und iuwer êre
und werdet werder danne ê.
swelich gebûrẹ iu wider stê,
125 den gewinnet zeinem munt man:
swaz er geleisten danne kan,
daz ist iemer iuwer eigen.
sus sult irs alle neigen
mit listen unde mit gewalt,
130 sus werdet ir mit êren alt.'
Die ir hêrren alsô heizent leben,
daz sint verworht râtgeben;
die enhânt niht willen wan darzuo

hvn *H.* 119 geit evh an *H.* 120 drev oder *H.* 121 wech-
set immer *H.* 122 ewer vrvm u. ewer *H.* 123 werdet w.
dan | e | *H.* 124 Swelch gebvre evch *H.* 125 zv einem
mvt mā *H.* 126 denne kan *H.* 127 immer ewer *H.*
128 Svst schvlt *H.* 129 gewalt *H.* 130 Svst wert *H.*
131 Die *große Initiale.* heizent *H.* 132 verworcht Rat
g. *H.* 133 enhant *H.* dir zv *K.*

daz er sin gut mit in vertu.

135 des æhten si ane mazze,
si swælhen und si frazze.
si vaste si uf daz gou streben
und niht wan rŏbes wellen leben,
si erchennent niht des gowes chraft

140 und der gŏu huner meisterschaft.
diu chluckent etelichem abe
den hals und alle sine habe,
der gar wil sin ein gou strŭz.
si chluckent manigem diu ougen ŭz

145 und die fuezze abe und die hende,
so dowent si daz geslende.
swelich herre ir rat volgen wil,
der gwinnet viende harte vil
daz im diu huner werdent sourre,

150 so im jeglich sin nach gebourre
sinen dienest wider seit
und dem landes herren uber in chleit.
daz ist der gou huner geschrei.
so machent driu ode zwei

155 daz er mŭz suchen einen tach
do er niht uber werden mach,
ezn muezze in chosten zehen phunt.
da sint diu huner ungesunt.
daz mŭz er von den richen han

160 den er daz laster hat getan.
noch sint die arm uber sehen
den der schade ist geschehen.
ê er den und got gebŭzze,
im wirt der huner sŭzze

165 ein so biterlichiu sŭrre,
daz si in dunchent ungehŭrre.

---

135 echtent sie a. maze *H*.   136 Sie Swelhen — vraze *H*.
137 Si *A*, Swie — gew *H*.   138 wan mit rovbe wellēt *H*.
139 Sie erkennent n. d. gewes kraft *H*.   140 Vn̄ gev-
hvnere *H*.   141 Die klvcken ettl. *H*.   143 gev stravz *H*.
144 Sie klvcken mangem die o. vz *H*.   145 die — die
fehlen H. fŭtze *H*.   146 dŏwent *H*.   147 Swelch *H*.
148 gewinnet *H*. harte *f. H*.   149 die hvnere w. sv̂re *H*,

daz er sîn guot mit in vertuo.
135 des æhtent si âne mâze,
si swelhen und si vrâze.
swie vaste si ûf daz göuwe streben
und niht wan roubes wellen leben,
si erkennent niht des göuwes kraft
140 und der göuhüenere meisterschaft.
diu kluckent etelîchem abe
den hals und alle sîne habe,
der gar wil sîn ein göustrûz,
si kluckent manigem diu ougen ûz
145 und die füezẹ abẹ und die hende.
sô douwent si daz geslende.
swelich hêrrẹ ir rât volgen wil,
der gewinnet vîende harte vil,
daz im diu hüener werdent sûre,
150 sô im jeglich sîn nâchgebûre
sînen dienest wider saget
und dem landeshêrren über in klaget.
daz ist der göuhüenẹre geschrei.
sô machent driu oder zwei
155 daz er muoz suochen einen tac,
dô er niht über werden mac,
ezn müezẹ in kosten zehen pfunt.
dâ sint diu hüener ungesunt.
daz muoz er von den rîchen hân,
160 den er daz laster hât getân.
noch sint die armen über sehen,
den der schade ist geschehen.
ê er den und got gebüeze,
im wirt der hüenẹre süeze
165 ein sô bitterlichiu siure,
daz sị in dunkent ungehiure.

---

souer *K.*   150 ieslich s. nachgebvre *H*, -gebouer *K.*
151 dienst w. saget: claget *H.*   153 Gewe hvnre *H.*
154 drev oder *H.*   155 mvz — tack *H.*   156 Da — mack *H.*
157 Izn mv̄z — pfvnt *H.*   158 die *H.*   159 mvz *H.*   161
armen *H.*   162 geschen *H.*   163 E | er got vñ d. gebvze *H.*
164 hvnere sv̄ze *H.*   165 Ein bitterliche sevre *H.*   166
dvnckent vngehevre *H.*

25. Der kluge Knecht

A Bl. 45ᵛᵇ—47ᵛᵇ¹)

Horet waz einem manne gefchach.　　　lxii
　　andem fin elich wip zebrach
Beide ir triwe vnd ir reht
　　der het einen gefugen chneht
5　Dˢ wart des an ir innen
　　daz fi begvnde minnen
Haimlichen ir pfarrære
　　daz waſ dem chnehte fwære
Er halz den meiſtˢ vmbe daz
10　er vorhte er wrde im gehaz.
46ʳᵃ　Ob er im des v̊gehe
　　e er die warheit fæhe
Dˢ wirt fur ze aker vnd zeholz
　　daz wip hoffch vñ ftolz.
15　So fi in den hof fach rv̊men
　　fone wolde fiz niht fv̊men
Si chofte met vñ win
　　fwaz gvtˢ fpife mohte fin

---

25. *Die folgenden Angaben und Lesaa. von H sind Meyer-*
Benfey S. 73 ff. entnommen.　H Bl. 318ᵛᵃ—320ᵛᵇ.　Große
bunte Initialen bei V. 77, 149, 175, 189, 203, 245, 267,
287, 311.　Die rote Überschrift ausradiert; sie scheint gelautet
zu haben: Ditz iſt von einem kvndigen knehte
Ein vil fchones mere　1 was　3 trewe recht　4 Do het er
gefvgen kneht　6 begonde　7 Heimlich ir pfarrere　8 knehte
fwere　9 hal ez dem maiſter　10 vorchte wurde　11 ver
iehe　12 fehe　13 vur zv acker vñ zv holtz　14 D. w. waz
hvbfch vñ ftoltz　15 rovmen　16 Sonen w. fi ez n. fovmen
17 chovfte　18 gvte mochte

---

¹) *S. S. XII.　Meyer-Benfeys Abdruck ist in folgenden*
Zeilen zu ändern: 38, 40, 47, 59 (statt des Punktes —),
137, 158, 203, 207, 213, 294, 330.　Oft handelt es sich
nur um Getrennt- oder Zusammenschreibung.　Der er-Haken
in ver steht nicht wie bei M.-B. neben dem v (vⁱ), sondern
stets darüber (v̇).

25. Der kluge Knecht

Hœrẹt waz einem manne gẹschach,
an dem sîn êlich wîp zebrach
beide ir triuwe und ir reht.
dô het er einen gefüegen kneht.
5 der wart des an ir innen
daz si begunde minnen
heimlîche ir pfarrære.
daz was dem knehte swære.
er halz den meister umbe daz
10 er vorhtẹ er wurde im gehaz,
ob er im des verjæhe,
ê er die wârheit sæhe.
der wirt vuor zẹ acker und ze holz.
Daz wîp was höfisch unde stolz.
15 sô si ịn den hof sach rûmen,
sô enwolde siz niht sûmen
si koufte met und wîn;
swaz guoter spîse mohte sîn,

---

25. *A Nr. 62 Bl. 45ᵛᵇ—47ᵛᵇ; H Nr. 182. Hahn Nr. 4,
S. 9—20; v. d. Hagen GA Nr. 61, Bd. 3, S. 149—158;
Meyer-Benfey S. 73—83; Ros. Mären Nr. 10, S. 66—76.
Meinem Text liegt zwar der Rosenhagensche zugrunde, in
etlichen Fällen aber habe ich die einheitliche Lesung beider
Handschriften der Rosenhagenschen vorgezogen, aber auch
sonst habe ich geändert, wo es mir notwendig erschien. Mit
dem 'Klugen Knecht' ist H Nr. 209 (Der geäffte Pfaffe)
zu vergleichen (Ros. S. 206—211).   Ros. vermutet, daß
diese 'verschlechternde Umgestaltung' durch den Versuch
entstanden ist, den 'Klugen Knecht' aus dem Gedächtnis
aufzuschreiben. Ich glaube dagegen, daß noch eine andere
Quelle bekannt gewesen ist, auf die die Abweichungen zurück-
gehen, die am Schluß doch ganz erheblich sind. Bewiesen
wird diese andere Vorlage m. E. schon durch V. 302 in H
Nr. 209: vil vaste er in mit dem har hielt, im 'Klugen Knecht'
sind an der entsprechenden Stelle (V. 281—283) beide Hand-
schriften — A u. H — unvollständig.*

D' briet ſi vil vñ ſôt
20 ſo ſi dem phaffen denne enbot
Daz d' wirt waſ entwizchen
ſo chom er dar geſlichen.
Alſ ein minne diep von rehte ſol.
ſo ſi denne gazzen harte wol.
25 So begvndens an ein bette gan.
vñ begvnden da churtz wile han
Alſo v'triben ſi manigen tach
ie nahtes ſo der wirt lach.
Bi dem wibe vñ ſlief
30 ſo phlach ſi daz ſi in anrief
Vnz er ſin ſlafen mvſe lan
ſie hiez in balde vf ſtan.
Vñ hiez in hinzeholz varn
ſi ſprach wil dv die vart ſparn
35 Vnz vnſ div naht gerⱴmet
ſo haſt dv dich ⱴſvmet[1])
Die tage ſint zemazzen lanch
daz nim indinen gedanch
Vñ var enwech balde
40 ez iſt v're hinzewalde
Ovch ſint div rinder harte laz
dv ſolt dich frⱴn deſte baz.
Deſwar gedahte der chneht
ez wære billich vñ reht
45 Weſſe min meiſt' iwern mvt
waz ir vntriwen vnſ tvt
Deſ war mag ich iz geſugen.
ich wil ivch ſchir rûgen.
So rehte mit der warheit
50 daz ez iv wirt ein herce leit.
Do ſi zv dem ſiwer quamen.
vñ ir gwant an ſich genam̃

---

19 ſot 20 pfaffen 21 waz entwichen 22 qvam er nv d.
23 rechte 24 danne gazen 25 begonden ſi danne 26 kvrzw.
27 mangen tack 28 nachtes lack 30 pflag ſin ane rief

[1]) *Es stand zuerst* v'ſvmen; *dann ist der letzte* n-*Strich
durch einen dicken Querstrich rechts in ein* t *verwandelt,
so daß es nun wie* -eit *aussieht.*

der briet si vil und sôt.

20 sô siu dem pfaffen dannę entbôt
daz der wirt was entwichen,
sô quam er dar geslichen
als ein minnediep von rehte sol.
sô si danne gâzen harte wol,
25 sô begundens an ein bette gân
und begunden dâ kurzwîle hân.
alsô vertriben si manįgen tac.
ie nahtes sô der wirt lac
bî dem wîbe unde slief,
30 sô phlac si daz sį in ane rief
unz er sîn slâfen muose lân;
si hiez in balde ûfstân
und hiez in hin ze holze varn.
si sprach: „wilt dû die vart sparn
35 unz uns diu naht gerûmet,
sô hâst dû dich versûmet.
die tage sint zemâzen lanc,
daz nim in dinęn gedanc
und var enwec balde.
40 ez ist verre hin ze walde,
ouch sint diu rinder harte laz.
dû solt dich vrüejen deste baz".
„deiswâr", gedâhte der kneht,
„ez wære billich unde reht,
45 wesse mîn meister iuwern muot
waz ir untriuwen uns tuot.
deiswar, mac ich ez gefüegen,
ich wil iuch schiere rüegen
sô rehte mit der wârheit
50 daz ez iu wirt ein herzeleit."
dô si zuo dem fiuwer quâmen
und ir gewant an sich genâmen,

---

31 Vntz flaffen mvîte   33 zv holtze   34 wilt   35 Vntz
die n. gerovmet   36 v'fovmet   37 ze mazen   39 enweck
41 die   42 vrven defter   43 Deifwar gedacht d. kneht
44 Iz were recht   45 Weft ewern   46 vnf vntrewen   47 ez
gefügen   48 evch fchire rügen   49 reht   50 evch h'zenl.
51 fevwer qv.   52 gewant

Do ſẘr der chneht da fur.

er chome talanch vur die tur

55 Ern ware vil wol enbizzen .ê.

im tate dꞌ hvngꞌ ſo we

46ʳᵇ Daz er enbizzen ſolde.

e er inder varn wolde

Daz waſ der vrowen vngemach —

60   iedoch do ſi den ernſt erſach.

Do braht ſi einen chæſ vñ brot

ſi ſprach nv iz den grīmigen tot

Dvne tvſt ez. dvrch den hvngꞌ niht

maht dv daz werch geſv̊men iht

65 Des biſtv zallen ziten bereit

dvrch dine grozze ſchaltheit

Si azzen alſ ſi wolden.

vñ fûrn alſ ſi ſolden.

Do ſi vere quamen andie vart

70   meiſter nemt diſen gart

Sprach der chneht wider in.

vñ vart ein wile hin.

Ich mv̊z hin widꞌe gan.

ich han da heime verlan

75 Mine fevſtlinge vñ minē hvt

des wart der meiſter vngemvt

Do ſprach er nv lovſ balde

vñ fur er hinzewalde

Daz waſ dem chnehte harte liep

80   er vꞌſtal ſich tovgen alſ ein diep

Hin indaz hvs an einen gemach

da man in niht horte noch enſach

Sin vrowe div waſ vil gemeit

ſi greif an ir gewonheit

85 Vñ bereitte vil gvt ſpiſe

do wande div vnwiſe

Ez wære harte wol vꞌholn.

---

53 ſwur kneht dar vur   54 Ern qveme tagelanch — tv̂r
55 Er wer   56 tet   57 enbiezzen   58 iender   59 waz
60 Jdoch   ſach   61 kes vñ ein b.   62 grimmen   63 Dv
en   64 Macht werk geſovmen   65 allezit   66 din ſchalkeit

dô swuor der kneht dâ vür
er enquæme tâlanc vür die tür,
55 er enwære vil wol enbizzen ê,
im tæte der hunger sô wê,
daz er enbîzen solde
ê er iender varn wolde.
daz was der vrouwen ungemach;
60 iedoch dô siu den ernst ersach,
dô brâht si einen kæs und brôt.
si sprach: „nû iz den grimmen tôt!
dû entuost ez durch den hunger niht.
maht dû daz werc gesûmen iht,
65 des bistû zallen zîten bereit
durch dîn grôze schalkheit.“
si âzen als si wolden
und fuoren als si solden.
dô si verre quâmen an die vart,
70 „meister, nemet disen gart“,
sprach der kneht wider in,
unde vart ein wîle hin.
ich muoz hin widęre gân.
ich hân dâ heimę verlân
75 mîne fiustelingę und mînen huot.“
des wart der meister ungemuot,
doch sprach er: „nû louf balde!“
und fuor er hin ze walde.
daz was dem knehte harte liep.
80 er verstal sich tougen als ein diep
hin in daz hûs an einen gęmach,
dâ man in niht hôrte noch ensach.
sîn frouwe diu was vil gemeit.
si greif an ir gewonheit
85 und bereitte vil guote spîse.
dô wânde diu unwîse
ez wære harte wol verholn

---

67 wolten 68 fvren folten 69 verre qv. 71 kneht 73 mvz
h. wider 75 fûftelinge hv̂t 76 vngemv̂t 77 DOch lavf
78 vur zv w. 79 waz d. knehte 80 tovgen *fehlt* 82 Do
niht *fehlt* 83 div *fehlt* 84 Die 85 beraitet 86 die
87 Eí were

vñ alder werlt v́or[1]) v́ſtoln.

Da ſich ſelben mit betrŏch

90   ein ſchone ſwin daz dennǒh ſŏch

Daz ſulte ſi vñ brietez wol.

    ein chanel gvtes metes vol

Die ſulte[2]) ſi da ſi in veille vant

    dar zv bv́ch ſi zehant

95 Ein vohenzent weiz alſ ein ſnê

    vñ ſande ab' alſam ê

Heimlichen nach dem phaffen

    doch nemohte ſie niht geſchaffen.

Daz ſi die ſpiſe bereitte

100   vnze ſi ſo lange gebeitte

Do ſi zetiſche warn geſezzen

    e ſi begvnden ezzen.

45va   Daz d' wirt hinwid' heimquam

    do man ſin chvnft v́nam

105 Do wande der pharræe

    daz ez der chneht wære.

Da von erchomen ſi niht

    dvrch die niwen geſchiht

Daz d' chneht da heime beleip

110   vñ daz der meiſt' ſelbe treip.

Siniv rind' von dem walde

    er lief zv der tvr balde

Vñ ſtiez dar an mit grimme

    do ſchvf deſ wirtes ſtimme

115 Vñ ovch der zornchliche ſtoz.

    daz ſi bei einander v́droz

Beide den phaffen vñ daz wip

    vrowe hilf daz ich den lip.

Behalte ſprach der phaffe

120   ich wirde ein rehter affe

---

88 aller werlde   89 Do ſi ſich betrovck   90 ſchŏn varch
ſovck   91 fvlt iz   92 kannen   93 holt ſi da ſin veile

[1]) *Es war ursprünglich* v'ſ(toln) *angefangen, dann ist
zwischen* v *und dem Grundstrich des* ſ *ein* o *eingeschoben.*
[2]) *Anlautendes* h *ist zu* ſ *korrigiert, so daß der Wortanfang
nun wie* lſ *aussieht. Auch das folgende* u *ist aus bereits
angefangenem* o *geändert.*

und al der werlde vor verstoln,
dâ siu sich selben mit betrouc.

90 ein schœne varh daz dannoch souc
daz vulte siu und briet ez wol;
ein kannen guotes metes vol
die holtẹ si dâ si in veile vant,
darzuo buoch siu zehant

95 ein vochenz wîz als ein snê
und sande aber alsam ê
heimlîche nach dem pfaffen.
doch enmohtẹ si niht geschaffen
daz siu die spîse bereitte

100 unz siu so lange gebeitte,
dô sie ze tische wârn gesezzen,
ê sie begunden ezzen,
daz der wirt hin wider heim quam.
dô man dâ sin kunft vernam,

105 dô wânde der pfarrære
daz ez der kneht wære.
dâvon erkômen sie niht
durch die niuwen geschiht,
daz der kneht dâ heimẹ beleip

110 und daz der meister selbe treip
sîniu rinder von dem walde.
er lief zuo der tür balde
und stiez daran mit grimme.
dô schuof des wirtes stimme

115 und ouch der zorneclîche stôz
daz si bî einander verdrôz
beide den pfaffen und daz wîp.
„vrouwe, hilf daz ich den lîp
behalte", sprach der pfaffe.

120 „ich wirdẹ ein rehter affe

---

94 bvch   95 bochnitz wiz alſam dꞌ ſne   96 ſant alſ
97 Haimlich n. ir pfaffen   98 en mochte ſi   99 bereite
100 vntz gebeite   101 zv t. waren   102 begonden   103 qvā
104 Do man da   105 pfarrere   106 kneht   107 erkomen
108 neᵛwen   109 kneht da heim   111 Sine   112 Lief er
113 dran   115 zornlich   116 bi   bedroz   117 pfaffen
118 hilfe   119 pfaffe   120 rechter

Begrifet mich der wirt hie
　　ich gwan ſo grozze angeſt niê
Ich hore wol im iſt zorn
　　ich wæn ich han den lip.
125　Do gewan ſi manigen gedanch
　　vñ hiez in vnd' eine banch
In einen winchel ligen gan
　　daz ſi da gazze ſolden han
Daz barch ſi allez von dem wege
130　daz mam (!) d' chneht inſine phlege
Daz er wol ſach war ſiz barch
　　er waſ der vrowen zechrach.
Do den wirt niemen in liez
　　mit grimme er ab' an ſtiez.
135　Vñ begvnde daz wip ſchelten.
　　noch balder denne zelten
Lieſ ſi do zvd' tûr
　　ſi ſprach ob ich den lip v́lŭr
Ichn mohte niht e her choᵐ
140　ich het ein werch in die hant
Daz enmoht ich dar vz geẘ ſgenoᵐ
　　ſag. an wirret dir iht. niht
Daz dv ſo frv chomen biſt
　　waz meinet daz dir zorn iſt
145　Vntze div rede wart v'nomen.
　　do waſ d' chneht hinbe
Vñ began zeden torre ingan
　　da er ſi enſamt ſach ſtan.
46ᵛᵇ　Do ſprach d' meiſt' wid' in.
150　welich tivel het dich hivte hin.
Daz dv niht chome hin wid'
　　dv leiſt daz werch vaſte nid'
Do mahte er ein mære
　　vñ ſagt daz er wære

---

122 Ichn gewan ſvſt grôzer　123 hôre　124 wen ich habe d. l. v'lorn　125 mangen danck　126 ein banck 127 winkel　128 gezzen ſolten　129 barck ſi gar a. 130 nam der kneht in ſin pflege　131 wa ſie ez v'bark 132 waz zv kark　135 begonde　136 danne　137 da ʰⁱⁿ zv der tvr　138 v'lûr　139 mochte kvᵐ　140 werk genvᵐ

begrîfet mich der wirt hie.
ichn gẹwan sô grôze angest nie,
ich hœre wol, im ist zorn,
ich wæn, ich hân den lîp verlorn."

125 dô gewan si manigen gedanc
und hiez in under eine banc
in einen winkel ligen gân,
daz sie dâ gâz wolden hân,
daz barc si allez von dem wege.

130 daz nam der kneht in sîne pflege,
daz er wol sach, wâr siz barc,
er was der vrouwen ze karc.
dô den wirt nieman in liez,
mit grimmẹ er aber an stiez

135 und begunde daz wîp schelden.
noch balder denne zelden
lief si dô zuo der tür.
si sprach: „ob ich den lîp verlür,
ichn mohte niht ê herkomen,

140 ich het ein werc in die hant genomen
daz enmoht ich darûz gewerfen niht.
sag an, wirret dir iht
daz dû sô vruo komen bist?
waz meinẹt daz dir sô zorn ist?"

145 unz diu rede wart vernomen,
dô was der kneht hin umbe komen
und began ze dem tore in gân,
dâ er sie ensamt sach stân.
    Dô sprach der meister wider in:

150 „welih tîvel hât dich hiute hin
daz dû niht quæme hin wider?
dû leist daz werc vaste nider."
dô machte er ein mære
und sagte daz er wære

---

141 Dazn mochte ich drvz gewerfen   143 ſvſt vru
komen   144 ſo zorn   145 Vntz die   146 waz d. kneht
hin vmbe kom̄   147 begonde zv dem tor in gen   148 Do
entſamt ſ. ſten   150 Welch tevfel hat d. hevte
151 qveme   152 werk   153 machet mere   154 ſagte
were

155 Vil wndern vnmv̂zzech ſit
    do lie der meiſter den ſtrit
    Er waſ biderbe der chneht
    davon waſ deſ meiſters reht
    Daz er einen chleinen zorn
160   vil ſchire hete v̇chorn
    Vart enwech ſprach daz wip
    vñ enſpart rinder noch dē lip
    Vñ bringet holᶜzeſ genvch.
    daz ir hinze ſvmere den phlvch.
165 Niht enſv̂met dvrch die holtz vart
    ir habt ivch vbele bewart
    Daz ich ivch alſo ſv̂men ſolt
    vntz zwei fûder noch geholt
    So iſt iz weizgot vinſter naht
170   da von gahet vber maht
    Ir tvt vns anders grozzen ſchaden.
    ſi half den wagen ſelbe entladen.
    Vñ ſprach lat iv weſen gach
    ir habet ivch verſvmet nach.
175 Do ſprach der chneht dē meiſtᵉ zv̂
    ez iſt benamen noch zefrû
    Daz ich zwei fudᵉe gehol
    hᵉre meiſtᵉ tvt ſo wol
    Vñ lat vns ein wenich ezzen
180   mich dᵉ hvngᵉ ſo beſezzen
    Daz ich den lip niht chan bewarn
    ſol ich ſo hinzeholtz varn
    Daz ich des ezzenſ enbir
    ezzet ein wenich mit mir
185 Sweſ ir dar nach an mich gert
    deſ ſit ir gar von mir gewert
    Vñ iſt daz des niht geſchiht
    ſo geniezzet ir min nimmᵉ niht
    Der meiſter ſprach daz ſi getan.

---

155 wundern vnmŭzick 156 liez 157 waz kneht
159 kleinen 160 v'korn 161 enweck 162 ringer
163 holtzes genvck 164 zv ſvmer d. pflvk 165 enſov-
met 166 evch vbel 167 ir evch alſvſt ſovmen 168 V. ir
zw. ſvder geh. 169 ez 173 Si ſp. l. ot evch 174 evch

155 vil wundern unmüezic sît,
    dô lie der meister den strît.
    er was biderbe der kneht,
    dâvon was des meisters reht
    daz er einen kleinen zorn
160 vil schiere hæte verkorn.
    „vart enwec", sprach daz wîp,
    und enspart rinder noch den lîp
    und bringet holzes genuoc,
    daz ir hin ze sumere den pfluoc
165 niht ensûmet durch die holzvart.
    ir habt iuch übele bewart
    daz ir iuch alsô sûmen solt.
    unz ir zwei vuoder noch geholt ,
    sô ist ez weizgot vinster naht;
170 dâvon gâhet über maht,
    ir tuot uns anders grôzen schaden."
    si half den wagen selbe entladen
    und sprach: „lât ot iu wesen gâch,
    ir habet iuch versûmet nâch."
175   Dô sprach der kneht dem meister zuo:
    „ez ist benamen noch ze fruo
    daz ich zwei fuodere gehol.
    hêrre meister, tuot sô wol
    und lât uns ein wênic ezzen.
180 mich hât der hunger sô besezzen
    daz ich den lîp niht kan bewarn,
    sol ich sô hin ze holze varn
    daz ich des ezzens enbir:
    ezzet ein wênic mit mir!
185 swes ir darnâch an mich gert,
    des sît ir gar von mir gewert.
    ist aber daz des niht geschiht,
    sôn geniezet ir mîn niemer niht."
    der meister sprach: „daz sî getân.

---

v'fovmet   175 kneht zv   176 fo frv   177 fvder wol g.
179 weinc (wenic?)   180 Mich hat   181 kan   182 zv
holtz   185 Swez   187 Ift aber daz dez   188 Sonen g.
189 daz wirt

190 wir fvln entriwen ezzen gan.
   Swie lutzel ich gezzen mach
    ich ezze .e. allen difen tach.
   E ich dich von hvngꞌ v̇lur
    do giengen fi in da ze dꞌ tǔr

47ʳᵃ 195 Daz gie dem wibe anden lip.
   ez mv̇t ein ieglich wip.
   Div einen zvman hat
    ob man in beir begat
   Vntz fi die hende heten gedwagen
  200 do het fi vf den tifch getragen.
   Brot chæf vn̄ ein tuch.
    fi tet im tovgen manigen flvch
   Doch fprach fi ezzet vafte
    vber zwoe vn̄ trizzech rafte
  205 Wæern fi ir lieber beide
    denne an ir ovgen weide.
   Dꞌ wirt fprach zvdem chnehte
    din vrowe div tvt rehte
   Hivte allen den tach fā fi dich.
  210 noch hartꞌ furhte danne mich
   Ich weiz wol het ich mir nv
    ze ezzen gevoderet alfam dv
   Si wær mir nimmꞌ fo gereht
    entriwen meifter fprach dꞌ chneht
  215 Ich han nv lange den fin.
    mit fwem ich her gewefen bī
   Daz man min nie niht engalt
    wan ze einer zit do waf der walt ·
   Mit lovbe wol behangen
  220 do chom ein wolf gegangen
   Hin vnder mines meifters fwin.
    div fchvlde div was niht elliv mī
   Wan ih fin leidꞌ niht enfach.
    fo lange vntz mir ein leit gefchach

---

190 entrewen 191 lvtzel mack 192 einen tack
193 dich *fehlt* verlvr 194 in zv der tvr 196 mvet ein
ietflich 197 Die 198 bi ir 199 getwagē 201 chefe.
tvch 202 in mangen vluch 203 0Vch 204 zwu drizzick

190 wir suln entriuwen ezzen gân.
    swie lützel ich gezzen mac,
    ich æ.ze ô allen disen tac
    ê ich dich von hunger verlür."
    dô giengen sị in dâ zuo der tür.
195 daz gie dem wîbe an den lîp.
    ez müet ein ieglich wîp,
    diu einen zuoman hât,
    ob man in bî ir begât.
    unz sie die hende heten gedwagen,
200 dô het si uf den tisch getragen
    brôt, kæse und ein tuoch.
    si tet im tougen manịgen vluoch,
    doch sprach si: „ezzet vaste."
    über zwô und drîzic raste
205 wærẹn sie ir lieber beide
    dennẹ an ir ougenweide.
    der wirt sprach zuo dem knehte:
    „dîn vrouwe diu tuot rehte
    hiutẹ allen den tac sam si dich
210 noch harter vürhte denne mich.
    ich weiz wol, hæt ich mir nû
    ze ezzen geeischet alsam dû,
    sin wær mir niemer sô gereht."
    „entriuwen, meister," sprach der kneht,
215 „ich hân nû lange den sin,
    mit swem ich her gewesen bin
    daz man mîn nie niht engalt,
    wan zeiner zît, dô was der walt
    mit loube wol behangen,
220 dô quam ein wolf gegangen
    hin under mînes meisters swîn.
    diu schulde diu enwas niht elliu mîn,
    wan ich sîn leider niht ensach,
    sô lange unz mir ein leit geschach

---

205 Weren liber   207 knehte   208 die   209 Hevte alle
d. tack   210 Serre vurchte   211 ich ir   212 ge eiſchet alſo
213 Sine were mir niender   214 Entrevwen ſpr. d. kneht
217 Daz er   218 zeiner   219 gar b.   220 qvam   222 Die
ſch. enwaz niht ellev

225 Daz er begreif ein wenigez ſwin.
　　daz was rehte alſ daz værelin.
　　Daz dart vffe leit gebraten.
　　ichn chan des niht erraten.
　　Wederz ir grozzꞌ wære
230　ſich bezzerent diniv mere.
　　Sprach der meiſter widꞌ in.
　　er gie vrölichen hin.
　　Vñ nam daz ſwin da erz geſach.
　　der chneht aber do ſprach
235 Do der wolf zv den ſwinen quam
　　vñ ich ir ſchrien v̍nam
　　Do chom ich dar gelovſen ſâ.
　　do lagen breite ſteine dâ.
　　Dꞌ ſelben wart mir ainer
240　daz waſ grozzꞌ noch chleiner

47ʳᵇ

　　Wan alſ div vochentz div dort ſtat
　　ich enweiz wer ſi gemezzen hat
　　Ich geſach nie niht ſo gelich.
　　vnſer herre got geſegen dich
245 So ſprach der meiſter zehant
　　diniv mære div ſint wol bewant
　　Er nam die vochentz her abe
　　do ſprach der chvndige chnabe
　　Do ich den ſtein genam
250　e der wolf von mir qvam
　　Do warf ih in an daz höbet
　　daz er wart ſo betovbet
　　Daz er vil chöme entran
　　vñ eine wnden gewan.
255 Div bl♥te alſ ich ſwern wil.
　　vil vollichlichen alſ vil.
　　E daz er chome dannen
　　alſ des metes in der channen.

---

225 Jvnges　　226 waz recht verhlin　　227 dort vf lit
228 Ich kan daz　　229 Weders were　　230 beſſernt dine
232　vil vrol.　　233 varch do　　234 kneht　　235 qv.
237 qvam　　239 einer　　240 Der waz kleiner　　241 die
bochentz die　　242 Ichn weiz　　243 Ichn　　246 Dine mere

225 daz er begreif ein wênįgez swîn.
    daz was reht als daz värhelîn
    daz dort ûf lît gebrâten.
    ichn kan des niht errâten
    wederz ir grœzer wære.‟
230 „sich bezzernt dîniu mære,‟
    sprach der meister wider in.
    er gie vil vrœlîche hin
    und nam daz varh dâ erz gesach.
    der kneht aber dô sprach:
235 „dô der wolf zuo den swînen quam
    und ich ir schrîen vernam,
    dô quam ich dar geloufen sâ.
    dô lâgen breite steine dâ.
    derselben wart mir einer,
240 der was grœzer noch kleiner
    wan als diu vochenz diu dort stât.
    ichn weiz wer sie gemezzen hât,
    ichn gesach nie niht sô gelich.‟
    „unser hêrre Got gesegen dich‟
245 sô sprach der meister zehant,
    „dîniu mære diu sint wol bewant.‟
    er nam die vochenz herabe.
    dô sprach der kündige knabe:
    „dô ich den selben stein genam,
250 ê daz der wolf von mir quam,
    dô warf ich in an daz houbet,
    daz er wart sô betoubet
    daz er mir vil kûmę entran
    und eine wunden gewan,
255 diu bluote des ich swern wil
    vil volliclîche alse vil,
    ê daz er quæme dannen,
    als des metes in der kannen

---

die   247 bochentz   248 kvndige knabe   249 den
felben ſt.   250 E. daz d.   251 ich   252 er alſo
253 er mir vil chovm   254 ein wunden   255 Die bl.
des ich ſweren   256 volliclich alſe   257 qveme   258 Sam
kannen

Die ir dort hinden[1]) sehet ſten
260   do begvn̄de der meiſter dar gen
Vñ nam die chanel her ſur
er ſprach entriwen ih ſpur
Die ſelde an dinen mæren wol.
daz ich ſiv gerne horn ſol.
265 Si ſint beide gvt vñ reht
entriwen meiſter ſprach d' chneht
Do ih den wolf alſo traf
vñ im engiench ſin beſtez ſaf.
Do moht er lutzel flihen
270   do begvnde ich im nach zihen.
Do ſlöf er in eine veſte
da warn ronen vñ eſte
So vil zeſamene geſlagen
daz ich in mere niht mohte geiagen
275 Dar vnder leit er ſich nider
vñ ſach vil rehte herwider
Dlſ[2]) ieger phaffe ie zv ſiht
der tröwet ovch geneſen niht
D' dort ſtechet vnder der banch
280   d' meiſter mit zorn vf ſpranch
Er ſprach ich bin zeware
aller diner mære
Vil gar an ein ende chom̄
vnd' han vil rehte v́ nom̄
285 Weſ mich din vrowe vz iaget
zeallen ziten ez taget
47va   D' phaffe wart gebvnden
ſo ſere in chvrtzen ſtunden.
Vntz er dem wirte gehiez
290   daz er vil chome wargeliez.

---

260 begonde   261 trvck die kannen h. ſvr   262 en-
trewen ich ſpv̓r   263 meren   264 ichz immer g. hŏren
265 recht   266 Entrewen kneht   267 ich draf   268 engie
beſtes   269 mocht er lvtzel vliehen   270 begond ich n. z.

---

[1]) *Ursprüngl.*: hindin, *die* e-*Schleife ist oben hinzugefügt.*
[2]) *Das* l *über dem Ansatz eines* a. (*Es war also zuerst* De[r]
beabsichtigt, dann sollte Alſ *geändert werden, doch ist* D
am Anfang stehen geblieben.)

die ir dort hinden sehet stân."

260 dô begundę der meister dar gân
und nam die kannen herfür.
er sprach: „entriuwen, ich spür
die sældę an dînen mæren wol,
daz ich siu gerne hœren sol;

265 siu sint beide guot und reht."
„entriuwen, meister", sprach der kneht,
„dô ich den wolf alsô traf
und im entgie sîn bestez saf,
dô mohtę er lützel fliehen.

270 dô begundę ich im nâch ziehen,
dô slouf er in eine veste,
dâ wáren ronen und este
sô vil zesamene geslagen
daz ich in mêre niht mohte gejagen.

275 darunder leit er sich nider
und sach vil rehte herwider
als jener pfaffe iezuo siht,
der entrûwet ouch genesen niht,
der dort stecket under der banc."

280 der meister zornlîchę ûfspranc
und gevie den pfaffen bî dem hâre.
er sprach: „ich bin zewâre
dîner mære gar an ein ende komen
und hân vil rehte vernomen,

285 wes mich dîn vrouwe ûz jaget
ze allen zîten ê ez taget".
Der pfaffe wart gebunden
sô sêrę in kurzen stunden,
unz er dem wirte gehiez,

290 daz er vil kûme wâr geliez

---

271 ein 272 waren 273 ze ſamen 274 ich niht me mochte
276 rechte 277 Alſ iener pfaffe 278 Ern traᵛwet 279
ſtekket vnder iener banck 280 D. m. zȯrnlich vf ſprank
281 nv bin ich zewar 282/83 Diner mere an ein ende kom̄
284 Vñ 285 Wez 286 ·É| iz 287 **D**Er pfaffe 288 kvr-
zen ſtvnden 290 kovme

---

281 ergänzt nach Ros. s. S.89.

Sinef gvtef alfo vil.
daz im wære ein kindef fpil.
Het er daz wip nie gefehen
er mv̊fe des zefeelden[1]) iehen
295 Daz er fchaden an dem gvte nam
daz er mit dem libe danne quā
Daz wip div wart ovch geflagen.
daz fi den lip mohte chlagen.
Von fchvlden vber manigen tach.
300 fwi wol fi fit des wirtes phlach
Er wart ir dar nach niemer me
fo rehte holt alf er waf ê
D' chneht waf dem meift' liep
daz er im zeigte finen diep
305 So gefuge an bőfiv mære
ez wer ein michel fwære
Het er imz anderf gefeit
der frevntliche chvndicheit
Mit rehter fuge chan began
310 der hat dar an niht miffetan
Chvndicheit hat grő̆zen fin.
er ewirbet valfchen gwin.
D' fi mit valfche zeiget
dær hat fin lop geveiget
315 D' da frevntlichen wirbet mit
daz ift ein hofchlicher fit
Man mach mit chvndicheit begā
daz vil hohfchlichen ift getan.
Daz merchet bi dem chnehte
320 het er gefprochen[2]) rehte
D' phaffe minnet iw' wip.
als tvt fi fere finen lip.

---

291 Sinez   292 were e. chindefpil   294 mv̊fte d. zv
felden   295 Swaz gvt   296 dannē qvam   297 die
298 mochte cl.   299 tac   300 Swie w. fit fi' des mānes

---

[1]) *M.-B. hat* ev *ǧelesen, das er für ein aus* e *geändertes* æ
hält. *M. E. sind zwei* e *zu erkennen.*
[2]) c *aus* n.

sînes guotes alsô vil,
daz im wære ein kindes spil
hæte er daz wîp nie gesehen.
er muose des ze sælden jehen,
295 swaz er schaden an dem guote nam,
daz er mit dem lîbe dannen quam.
daz wîp diu wart ouch geslagen,
daz siu den lîp mohte klagen
von schulden über manigen tac.
300 swie wol si sît des wirtes pflac,
er enwart ir darnâch niemer mê
sô rehte holt als er was ê.
der kneht was dem meister liep
daz er im zeigte sînen diep
305 sô gefuoge ân bœsiu mære.
ez wære ein michel swære,
hæt er imz anders geseit.
der vriuntlîche kündikeit
mit rehter fuoge kan begân,
310 dern hât daran niht missetân.
   Kündikeit hât grôzen sin.
er erwirbet valschen gewin
der sie mit valsche zeiget,
der hât sîn lop geneiget.
315 der dâ vriuntlîche wirbet mite,
daz ist ein hovelîcher site.
man mac mit kündikeit begân
daz vil hoveschlîche ist getân.
daz merket bî dem knehte.
320 hæt er gesprochen rehte:
„der pfaffe minnet iuwer wip,
als tuot si sêre sînen lîp",

phlac 301 Ern darnoch nimm‘ 302 rechte 303 kneht waz
304 im *fehlt* 305 gefv̊ge an bôse mere 306 were ſwere
307 im ez 308 vrvntlich kvndikeit 309 rechter fvge
kan 310 Dern 311 **KV**ndikeit het grôzen 312 Er
er w. v. gewin 314 Der lob geneiget 315 Der vrvnt-
lich w. mite 316 hovelicher ſite 317 mag kvndikeit
318 hovlich 319 merket knehte 321 pfaffe ewer

Daz het der meiſter niht v̓ˈſwi
vñ hete ſis zehant gezigē. [gē
325 Vñ hete ſi ovch lihte geſlagen
ſo begvnde ovch ſis dem phaffē
So ſchvffen liht ir ſinne.   ſagē
daz dˈ wirt ir zweier minne
Nimmˈ rehte erfûre
330   vñ ži̊vnniſt wol geſẘre
Dˈ chneht hiet in betrogen
vñ hete die vrowen an gelogen.

47ᵛᵇ   Dvrch ſinen bôſen haz.
vñ wrde im vmbe daz gehaz
335 Daz waſ allez hingeleit
mit einer geſugen chvndicheit[1]
Des enhazze ich chvndicheit niht
da ſi mit fuge noch geſchiht

---

324 Er het ſi ſin z.   325 ſi ovch *fehlt*   326 ovch
fehlt; ſi iz d. pfaffen   327 ſchûffen lihte   328 ir *fehlt*

---

[1] *Das erste* i *aus* e.

daz enhæt der meister niht verswigen
und hæte sis zehant gezigen
325 und hæte si ouch lîhte geslagen.
sô begunde siz dem pfaffen sagen,
sô schüefen lîhte ir sinne
daz der wirt ir zweier minne
niemer rehte erfüere,
330 und zejungist wol geswüere
der kneht hæt in betrogen
und hæte die vrouwen an gelogen
durch sînen bœsen haz
und würde im umbe daz gehaz.
335 daz was allez hin geleit
mit einer gefüegen kündikeit.
desn hazze ich kündikeit niht,
dâ siu mit fuoge noch geschiht.

---

329 rechte erſvre   330 Vntz er zv Jvngeſt w. ſwûre
331 kneht het   332 het   333 boſen   334 wurde im vint
vmbe daz   335 waz   336 der gefvgen kvndikeit   337 Deſn h.
chvndikeit   338 ſvge

26. Die beiden Zimmerleute

Ez warn zwene zimberman,
den an ir chunste niht zeran,
si wærn harte meisterlich.
gevatern hiezzen si sich
5 und warn gesellen darzu.
eines morgens vil fru
giengen si hăwen in den walt.
do wart ir gahen manichvalt
untze hin umbe mitten tach.
10 da twanch si manich grozzer slach,
den si taten in ir île,
daz si lagen eine wile
und ruweten umbe daz
daz si aber mohten deste baz.
15 diu ruwe di wart vil unlanch,
untz daz der eine uf spranch
und nam sin axs in die hant.
er sprach: 'ez ist also gewant,
gevatere, daz ich dir den fuz
20 benamen abe slahen muz.
nu streche in her ane ungehabe,
ode ich slahe dir daz hŏbet abe!'
der ander sprach: 'gevater min,
den zorn la durch got sin
25 und durch gevæterliche triwe.
ich gib dir ane riwe
daz gut daz ich geleisten chan,
daz du mir vil armen man

---

26. *A Nr. 67, Bl. 51va—52rb; H Nr. 197; K; q. Hahn
Nr. 6 S. 29—32. Lesaa. von HKq nach Hahn. Überschrift
in H*: Ditz ist ein schones mere Von zwein zimbermannen
gew¹e; *in K*: Ditz ist von zwein zimermanne leret uns
der stricker danne. 1 u. 5 waren *HKq*. 3 Sinen wer *H*,
weren *K*, Si waren *q*. 7 howen *HK*. 9 Vntz *HK*, Bis *q*.
vmb *Hq*. 10 groz *HK*. 11 mit ile *HKq*. 13 rŭten *q*.
14 dester *HK*. 16 ein *q*. daz einre *K*, daz der vf eine *H*.
17 Sin axes (hacken *K*) nam er *HK*. 18 Vnd spr. *Kq*.
19 gevater *HKq*. 21 an *HKq*. 22 oder *HKq*. 24 D. z.
den *H*. gibe *K*. 28 armem *HKq*.

noch lazzest minen gesunt.'
30 er sprach: 'tu zu dinen munt!
ich sag dir wærliche
gæbest du mir ein kunichriche,
ichn næm ez vur den fuz niht.
sî dir umbe den lip iht,
35 so streche den fuz balde her.'
'ich tun gevater', sprach er,
'ich verliuse noch den fuz ê,
denne ez mir an den lip gê,
sit ich ir eines verliesen mǔz.'
40 mit jamer strahte er den fǔz
uf ein bloch zemazzen hoch.
sin gevater die axs uf zoch,
die sluch er freislichen dar.
des nam der ander guten war
45 und zuhte den fuz her wider.
sin gevater der sluch nider
einen grozzen slach in daz bloch.
er sprach: 'ich han den fuz noch,
des gesage ich dir niemer danch.'
50 zu siner axs er do spranch
und sprach: 'tust du mir nu iht,
daz belibet unvergolten niht!'
der ander sprach: 'gevater, weizgot,
ez was allez min spot.
55 ich wil dir wærlichen sagen,
ich wolde dich niht han geslagen,
ich versuhte dich damite
daz ich gesæhe dine site.'
der ander sprach: 'gevater min,
60 diu rede mach wol war sin,
swie gut din wille wære,
der slach was wandelbære.

29 noch f. KH. 31 sage Kq. 32 gebstu q. 33 Ichn HKq, ich A. 34 Si dich H, Si dir din lip liep iht K. 36 so spr. K. 37 doch HK 39 irh A. 40 strackt HKq. 41 Vñ ein HK. 42 u. 50 axe H. hacken K. 43 slvge HK. 44 gut q. 45 Vnde K., zuckte HKq, her f. HK. 49 Desn HK., gesag HKq. 50 du A. 52 Dazn wirt dir HKq. 56 Ichn HK. 57 versuche K. 58 bes. HK, seh q.

swelhen willen du hæte,
daz du uf daz bloch tæte
65 einen so vreislichen slach,
so rehte da der fuz lach,
des enwirde ich dir niemer holt.
din rede ist schone als daz golt,
din triuwe ist aber chopher var,
70 des bin ich warden gewar.'
　　Man vindet noch der liute vil
daz einer dem andern schaden wil,
des er doch solde schonen,
wolt er im rehte lonen,
75 so ez danne under standen wirt
und ez ane sinen danch verbirt,
so sprichet der ander: 'friunt mîn,
ich wolde des vil gewis sìn,
daz du min friunt wærest
80 und so vil gerne enbærest
mines gutes und miner habe,
du ne gwnnest mirz friuntlichen abe,'
so wil er sich der schulde entladen,
'ich gwan nie mut zu dinem schaden',
85 sprichet der ander: 'daz ist war,
solde ich leben tòsent jar,
du fundest niht anders an mir,
wan daz ich gerne diene dir.'
so wol er sich bereden chan.
90 ist jener denne ein cheker man,
im ist doch iemer ungemach
daz er die gebærde an im sach,
diu dem bosen willen was gelich.
ez enist niht unbillich,
95 ob man dem manne des willen giht,
dar nach man in gebarn siht.

---

　　63 hête *A*. 　65 also *HKq*. 　67 Desn *HK*. 　68 daz]
ein *HKq*. 　69 kvpfer *HKq*. 　70 worden *HKq*. 　73 schône *H*.
74 lonem. 　76 So ez an *HK*. 　82 du *q*. gewinnest *HKq*.
mir ez *H*. miñeklich' *HKq*. 　86 Sold *HKq*., hvndert *HK*,
manig *q*. 　87 Dunen *HK*. 　89 Swie wol *HKq*. 　94 Ezn *HK*.

Swenne ich daz an dem wolfe sihe,
daz er slichet zu dem vihe,
swie gûten willen er hat,
100 ich zihe in doch missetat.
swer die gebærde beget
diu zu dem dinge wol stet,
er wirt des unsanfte erlan,
man jahe er wellez angan.

104 jehe *HKq.*. welle ez *H*.

27. Die reiche Stadt

Ez was hie vor ein richeu stat,
da wart man selten nides sat,
swie unnutze er doch wære.
da warn die burgære
5 ein ander alle gehaz,
sine westen selbe *umbe* waz.
do begunde ein hus brinnen,
des wurden si wol innen.
do beleip ez durch ir aller nit
10 unverleschet unz an die zit,
daz ouch ein ander hus bran.
da griffens ouch zetrage an.
do musez an daz dritte gen.
do wolten siz gern understen
15 mit einem gemeinen rate,
do chomen si zespate.
daz fiwer was nu so riche
daz ez gewaltechlich*e*
in der stat uber al gie
20 und niemens hus da beliben lie.
    Den burgæren tunt gelich
die husgenoze, dunchet mich,
die einander sint unsleht
ane not und ane reht
25 und durch ir ungefugen haz.
ir herren uber sehent daz,
daz er ir einen swachet.
swer des von herzen lachet,

27. *A Nr. 97, Bl. 68*vb; *H Nr. 155. Docen: Altd. W. 2,
S. 4f., A*; *Lachmann Ausw. S. 237 nach Doc.*; *Pfeiffer
Üb. S. 31f. Lesaa. von H nach Pfeiffer. Überschrift in H*:
Ditz ist ein schones mere von einem nidere. 4 Do waren *H*.
6 umbe *f. A.* Sinen w. niht vmbe w. *H*. 7 Da begonde
e. h. da br. *H*. 10 unz *f. H*. 11 enpran *H*. 12 zv tr. *H*.
13 Des begvnde iz an *H*. 14 gerne widersten *H*. 15 ge-
meinem *H*. 16 zv *H*. 18 gewalticliche *H*. e *f*. 21 tvt *H*.
22 -genozen *H*. 24 Beide ane n. v. a. rehte : vnslehte *H*.
28 Der des *H*.

der muz ouch liht weinen,
30 swenne si uber einen
der valschen urteil hengent
und dem ir helfe lengent,
so gelichet der herre dem fewer:
tut ers dem einen hewer,
35 *er tut iz aber ze war*
einem andern hin zu jar.
da muz ez an daz dritte gen.
wolden siz danne gern understen,
so habent si sich verspætet,
40 der herre hat bestætet
so vaste sin gewonheit,
ez si in liep ode leit,
daz erz allez haben wil.
sin si wenich ode vil,
45 er machet si allesamt mat,
als ouch daz fiwer die gûten stat.

---

29 lihte *H.* 31 valscher v. *H.* 33—36 *fehlen A.*
37 Ez mvz ovch an den dritten gen *H.* 38 Wellent siz *H.*
gern *f. H.* 39 hant *H.* 42 sei — oder *H.* 43 Daz er sie
zv rechte h. w. *H.* 44 Iz si wenick oder v. *H.* 46 Sam
o. *H.*

28. Das Unrecht in Österreich

    Mir hant diu alten wip verjehen:
swa grozer schade sul geschehen,
da hore man eine chlage ê,
daz diu schrie 'Owe, owe, owe!'
5 owe des schaden der hie geschiht,
des wolt ich e geloubn niht,
ich het ez fur ein spel iê,
durch daz si sich niht sehen lie.
nu ist mir der zwivel benomen,
10 diu chlage ist offenlich chomen,
ze Osterriche in daz lant,
da ist si nu so wol bechant,
daz man si grifet unde siht.
owe des schaden des hie geschiht,
15 der stimme ist Osterriche vol,
diu chlage ist ninder so wol
bechant so ze Osterriche,
si chlagent al geliche
die richen und die armen.
20 nu ruche sich got erbarmen
uber sin unschuldigiu chint,
diu frides und gerihtes sint
versumet ane ir schulde,
swie got ir chlage verdulde
25 und daz unreht daz in geschiht,
er lat in ungerihtet niht.
swie sanfte uns dunche daz got var,
swie lang er sin gerihte spar,
er rihtet den sinen an der frist
30 so ez ir vienden leidest ist.

28. *A Nr. 100, Bl. 69vb*.   *M. W. bisher ungedruckt.*
26 ir.

29. Des Muses Lehre

    Ez chom daz zwene sazen
ob einem muse und azzen,
und in geschach so leide
daz si sich betrouften beide,
5 und daz trouf so geschach
daz ir ietwederre sach
des andern laster vil gar
und nam sin selbes niht war.
nu sweic der eine dar zů,
10 der ander sprach: 'wie sitzestu?'
'wie dunchet dich daz ich sitze?'
'du sitzest ane witze.'
'wer hat dir daz von mir geseit?'
'da sihe ichs wol die warheit.'
15 'waran mahtu die gesehen?'
er sprach: 'waz wære mir geschehen?'
'du bist noch tumber denne ein rint,
daz du dich harter denne ein chint
betroufet mit dem muse hast
20 und des so vil da chleben last,
daz mir daz ezzen widerstat.
du bist ein rehter unflat.
nim sin mit den ougen war
und grif mit der hant dar,
25 so mustu doch gelouben mir.'
'des han ich hiute lange an dir',
sprach jener: 'also vil gesehen,
swes ich davon wolte jehen,

---

29. *A Nr. 105, Bl. 71ᵛᵇ—72ʳᵃ; H Nr. 187; E Bl. 72ᵛᵇ.*
Pfeiffer Zs. 7, S. 370—372. Lesaa. von H und E nach Pf.
Überschrift in H: Ditz ist des mvsez lere   Got vns zv
himel mere; *in E:* Von zwein gesellen ob einem můse.
3 Do g. in *E.* 5 getrauf *E,* troufen *H.* 6 ietweder *HE.*
wol s. *H.* 9 Nu] Do *H.* 10 ander] ein *E.* 12 Da s. dv *H.*
14 Do sach *E.* ichz *HE.* 15 die] daz *E.* 16 besch. *E.*
18 vaster *H.* 23 Nv nim *H.* 24 grife *HE.* denne mit *H.*
26 Daz h. *E.* Der ander sprach des ist an dir *H.* 27 So
vil daz han ich wol gesehen *H.* 28 Swaz *E.* ich dir d.
solde *H.*

daz ichs wol mohte han getan,
30 du maht mich wol mit fride lan.
geselle sihe ouch an dich:
du bist schuldiger denne ich.'
sus was der erste hingetan,
daz er fur gut muse han
35 ob *j*ener wolde swigen
uf den er ê hûp sine gigen.

    Der e des scheltens da began,
dem tût gelich noch ein man
der einen uneren wil,
40 der liht vierstunt als vil
sines lasters chan gerugen
und mac sich so gefugen
daz er durch spot zespotte wirt
und im sin spot die schande birt
45 die er nimmer uberwindet
und damit selbe ervindet
waz lobes im sin tugende giht.
swer sich selben wol besiht
e er den anderen ruge,
50 daz dunchet mich gefuge.
er sol lutzel schelten
dem man wol mac vergelten.
da mane ich mine friunde bi:
uf swen daz mus getroffen si,
55 ob ez vertrægelichen chlebe,
daz er im einen fride gebe
unz er sich selben wol besehe,
daz im alsam iht geschehe
als ênem der ê da schalt,
60 daz im der ander wol vergalt.

---

29 wol *f. E.*   31 G. (nu *H*) s. a. d. *HE.*   32 vil sch. *H.*
33. Do *H.* in *H.*   35 ener *A,* der ander *H.*   36 e *f. HE.*
sin *E,* daz *H.*   38 Der t. g. einē m. *E.*   39 e. andern *H.*
40 lichte *H.* also *E.*   42 machet *HE.*   46 Da mit er s.
vindet *E.* wol bev. *H.*   51 vil l. *H.*   52 Den H. Do man
imz *E.*   53 minen vrvnt *H.*   55 -lich *H.*   57 Hintz —
selber *E.* ges. *H.*   58 niht *H.*   59 Als iener der da gesch. *E.*
So dem der da e sch. *H.*   60 wol *f. H.*

30. Die Klage

Swaz ich unz her getihtet han,
daz was durch churzwile getan.
des enmac nu leider niht geschehen;
ich han ein ander dinc gesehen,
5 da ist lutzel churzwile bi.
doch sol man wizzen waz ez si.
ezn wart nie dehein mære,
swie ængestlichez *wære*,
man muze ez horen unde sagen
10 und muze ez zů den liuten tragen.
ichn weiz waz unser werde:
ich chan uf tiutscher erde
ninder zu der froude chomen,
ich han ouch niemen vernomen
15 under alten und under chinden
der si inder chunde vinden.
diu werlt ist gar gehônet.
unfroude ist nu gechronet;
der habent die richen gesworn
20 und habent fur die froude erchorn
tragen diu wafen alle.
swie mir daz missevalle,
ezn læt nieman durch mich.
nu dunchet mich vil billich,
25 sit ich bi in muz genesen
und mag ir landes niht entwesen,
daz ouch ich singe ir aller liet.
sit si der tivel so verriet
daz si die froude uf gebent
30 und also riwechliche lebent,

---

30. *A Nr. 165, Bl. 133rb—137ra; H Nr. 125. Hahn
Nr. 12, S. 52—76. Lesaa. von H nach Hahn. Überschrift
in H:* Dise dinch claget zv mere   Des bvches tichtere.
2 wart zv kvrzewile *H.*   3 mack *H.*   8 engestlich ez *H.* war.
9 u. 10 mvz *H.*   11 Ich *H.*   13 den vrevden *H.*   16 kvnne
H.   21 Vñ tragent ir w. *H.*   23 Ez *H.*   26 ir leider *H.*
27 Sint ich ouh s. *H.*   30 trvriclichen *H.*

nu wil ich mit triw*e*
erzeigen mine riwe
und wil ir burde mit in tragen.
ich wil chlagen unde chlagen
35 und chlagen den noch furbaz.
min chlage fullet manich faz.
min chlage wirt so manich valt
daz iu noch nie wart gezalt
so manic chlæglich dinc.
40 min chlage ist ein ursprinc;
dar uz manic chlage fliuzet
und so grozlich begiuzet,
daz min chlage wirt erchant
noch verrer denne in osterlant.

45   Ich wil alrest chlagen got
daz wir alle sin gebot,
die hohsten minne, entragen.
alle die not die wir chlagen,
diu chumt uns von den schulden
50 daz wir wider gotes hulden
uns selben wider streben
und niht nach sinem willen leben.
dar nach chlage ich daz zweien,
daz die pfaffen und die leien
55 wider gotes hulde ensamt hant.
wand sich die pfaffen baz verstant,
darumbe wære billich
entwichen si und erchanten sich,
und si mit hohfart umbe gant
60 und ir elich wip hant,
die wile sint in die leien gram
und sint ungehorsam.
daz si wider ein ander beide
zehazze und zeleide

31 im mit rewe *H.*   triwen *A.*   33 in] ir *H.*   35 dan-
noch *H.* 38 Daz vns *H.*   39 clegeliche *H.* 40 ist] wirt *H.*
41 Dar zv *H.*   42 Vñ so gar er gevzzet *H.*   45 aller
erste *H.*   46 D. w. sin ein g. *H.*   47 niht entr. *H.*
51 wider] schedelichen *H.*   54 die — die *f. H.* 55 Wider
got ents. *H.*   56 Wand] Was *H.* 58 si *f. H.* erkenten *H.*
59 Wan si *H.*   62 sint in v. *H.*

65 so stritlich sundent
und ein ander schundent
mit werchen zu den sunden me
danne zu der geistlichen .e.,
daz ist der wider vart bejagt,
70 daz si dir herre got gechlagt.

Ich chlage der vrowen ungemach:
daz man si bezzer nie gesach
und man inz nie so missebot,
daz ist ein unverschuldet not.

75 nu wil doch wol ein sælic man
daz niht so sûzes werden chan
in den oren noch in den ougen
weder ofenlich noch taugen
so ein gar vol chomen wip.

80 des solten ir tugent und ir lip
zereht enpfahen solhen lon,
daz vernæm ir lobes ton
uber al diu werlt geliche
und in dem himelriche.

85   Ich chlage der herren unreht:
daz billich, eben unde sleht
von ir gnaden wære,
daz machent si wandelbære.
so si einen cheiser gemachent,

90 daz si den denne swachent
und lazent in niht vol chomen.
den sit habent in genomen
genuge herren umbe daz,
daz si ir willen deste baz

95 mit unrehtem gwalt han.
durch anders niht hant siz getan.
ez si wenic ode vil,
swaz man den armen nemen wil,

---

65 striticlichen *H.*   69 die wider vart geiaget *H.*
73 in *H.*   75 Nv weiz d. *H.*   76 svze *H.*   77 noch]
vñ *H.*   78 offenbar *H.*   79 So] Als *H.*   80 scholde ir
tvgentlicher lip *H.*   81 zereht f. *H.*   82 Daz man ver-
neme i. l. don *H.*   85 herren] fvrsten *H.*   89 kvnich *H.*
91 lant i. n. vollenkvm̄ : genvmen *H.*   92 site hant *H.*
93 fvrsten *H.*   97 lvtzel oder *H.*   98 dem a. *H.*

daz muz der arme nu vertragen.
100 ern darf dem cheiser niht chlagen.
die herren hant daz wol behût,
daz in der cheiser niht entût.
si lazent in so swach wesen,
daz si wol trowent genesen
105 und lutzel vurhtent sinen zorn.
der von der meide wart geborn,
der rihte uns selbe, des ist not:
reht gerihte ist vil nach tot.
des ist diu milte gelegen.
110 triwe und warheit ist verpflegen.
die tugent sint alle hin getan,
sit reht gerihte wart verlan.
   Ich chlage des hoves laster:
der ist gehonet vaster
115 an sinem ingesinde
danne er immer uber winde.
zehove stunden hie bevor
vier stuele wnnechlich enbor,
der stet niht wan einer da,
120 die dri sint leider anderswa.
daz schadet dem hove sere
daz er nu nimmer mere
wider an die ere chomen mac
der er bi den vier stuelen pflac.
125 ich wil iu rehte sagen daz
wer die dri stule besaz,
der der hof so schedlich enbirt,
daz er nu nimmer sælich wirt:
ir besazen einen die alten,
130 die gænzlich heten behalten
ir triwe, ir lop, ir ere.
des genuzen si so sere

---

99 arm *A*, arme *H*.   100 Er *H*.   101 fvrsten *H*.   105 Vñ niht enfvrchten *H*.   106 magde *H*. war.   107 selber *H*. 108 nahen *H*.   115/116 *in H umgestellt.*   117 Zv — ie *H*. 119 nv niht *H*.   121 so sere *H*.   123 Wider *f. H*. An sin e. *H*.   124 viern *H*.   127 schedelich enpirt *H*.   128 nv *f. H*.

daz si zehove warn wert,
swie lutzel man ir nu gert.

135 den andern besazen die wisen,
die jungen und die grisen
die rehter wisheit wielten;
die besazen und behielten
ir stul und ir werdecheit,

140 die sint nu zehove leit
und sint gar die verchornen.
do heten die wol gebornen
den dritten stul besezzen;
der ist nu gar vergezzen.

145 swie edel er nu welden chan,
ist er et ein arm man,
ern darf zehove nimmer chomen,
im ist sin stul da benomen,
und ist ouch der wise an gût,

150 son darf er nimmer sinen mût
zehove me cheren;
er hat da nu niht eren.
swie wol der alte hat gelept
und ie nach werdicheit gestrebt,

155 ist et er des gûtes fri,
ern chom niht da der hof si.
chumt er ærmchlichen dar,
man nimt sin da vil chleine war.
der richen stul ist da beliben;

160 die dri sint von dan vertriben.
der riche stet fur sich einen
und fur ander deheinen;
man sol in ouch niht fur anders han.
des muz der hove also stan

165 daz er nu immer eine frist
unsæliger denne die andern ist.

---

133 zv h. waren *H.* 134 nv da *H.* 141 die gar verkorn :
geborn *H.* 145 werden *H.* 146 et *f.* — armer *H.* 149 Und
f. — ane *H.* 150 So *H.* 151 Hin zv hove *H.* 152 Ern
hat niht da e. *H.* 153 gelebet : strebet *H.* 155 et *f. H.*
156 da] wa *H.* 158 da *f. H.* 160 dannen getr. *H.* 162
anders *H.* 163 ouch *f. H.* f. a. n. h. *H.* 164 hof an ere
st. *H.* 165 *u.* 166 *fehlen H.*

Ich chlage der ratgeben rat:
den daz niht zehercen gat
swie vil ir herre missetût.
170 si hant ir ere niht wol behût:
so man den herren schiltet,
swes der herre danne engiltet,
des suln si alle engelten.
er sol si vaste schelten,
175 sit man den herren schiltet umbe daz.
giengen si hin dan baz
und volgeten und rieten,
daz si ir ere niht verschrieten,
pflægen des die ratgeben,
180 so musen die herren rehte leben.
ê herren liute enbæren
und immer also wæren,
si tæten e daz beste.
swelch herre daz wol weste,
185 daz sine bose ræte
mit werchen niemen tæte
noch mit worten nieman lopte,
in duhte selbe er tobte
und begunde loblicher leben.
190 waz suln solich ratgeben
die niht enchunnen wan den list,
swie bose ir herren rat ist,
den lobent si und ratent zû
daz er noch boslicher tû.
195 e ir einer ane vienge
daz er von dem rate gienge,
er riete sinem herren e
daz er dar nach immer me

169 vil *f. H.*   170 habent *H.*   171 Do m. *H.*   172 S.
danne d. h. *H.*   173 alle] ovch *H.*   174 Er] Man *H.*   175
Mit den h. v. d. *H.*   176 Wan g. *H.*   177 V. env. niht
noch enr. *H.*   178 Da mite si ir e. verschr. *H.*   180 mvsten
H.   182 also] eine *H.*   184 Swelich *H.*   185 sin bosen *H.*
188 selben daz er tobt : lobt *H.*   189 V. mv̆ste loblich l. *H.*
190 svlche *H.*   192 rat] leben *H.*   193 Daz l. *H.*   195 an *H.*
196 Vñ von d. r. *H.*   198 da noch nimmer *H.*

in einem winchel læge
200 und anders niht enpflæge.
　　Ich chlage umbe die rihtære:
der gerihte ist wandelbære,
die durch got niht enrihtent
und ireu reht elliu tihtent
205 nach der liebe und nach dem gûte
und nach ir selber mûte
urteil gebent unde sagent.
dem diu reht ubel behagent,
der muz verswigen wariu reht,
210 diu reine wæren unde sleht,
und mûz in volgen umbe daz
er furhtet der rihtære haz.
　　Ich chlage der lôsære chunst
und versage in dar zu mine gunst:
215 diu werlt ist leides niht so vol,
man funde noch den herren wol,
der ettewenne wære
vrolich ane swære
durch siner friunde liebe.
220 so choment die selben diebe
und sagent so bosiu mære,
daz in der mût so swære
von zorn und von gedanchen wirt,
daz er die froude verbirt.
225 der vroude erwendent si uns so vil
daz ich des got bitten wil,
daz er si noch bechere
nach so grozzer unere,

199 einer hvlben *H. Nach V. 200 in H*: Min h'ze vn̄
min zvnge Klagten die wandelvnge Daz wir die vrevde
han v'lan Vn̄ haben daz niht dvrch got getan Hete wir
vrevde hie gegeben Vmb daz ewige leben So enbere wir
mit eren Nv mag ich niht v'keren Den h'ren ir siecheit
Die machent vns vil manich leit. Ich fvrchte daz sie
nimmer mê etc. = *A 233.* 201—212 *in H vor 167.* 201 umbe]
uber *H.* 204 ir *H.* 205 der — dem *f. H.* libe *H.* 206 sel-
bes *H.* 207 Die v. *H.* 208 die teidinge *H.* 211 Der m. *H.*
212 des richteres *H.* 213—230 *fehlen H.* 213 lôsære.

      daz ir ere und ir vroude

230 nimmer chom fur gotes beschoude.

        Ich chlage der herren siecheit

      und ist mir sicherlichen leit:

      ich furhte daz si nimmer me

      gesunt werden alsam e.

235 si *en*mugen leider niht genesen

      wie mohtens immer siecher wesen

      si enfrout beizen noch jagen,

      seitspil, singen noch sagen,

      sine frout der frowen minne niht,

240 den man vil manger frouden giht,

      si enfrout buhurdieren noch tanz,

      dehein tsapel noch chranz,

      si enfrout daz gut noch diu chint,

      si enfrout niht daz si edel sint,

245 si enfrout niht ir nam noch ir gwalt,

      si enfrout daz velt noch der walt,

      si enfrowent blumen noch daz gras,

      daz e der werlde froude was,

      und liehte tage unde lanc,

250 weder sumer noch vogel sanc.

      sit in daz niht an frouden frumt

      und in so jamerlichen chumt,

      des wæn ich wol daz die grozzen not

      in niemen buzze wan der tot.

255 swelich sache lange siech liget

      und deheiner erzenie pfliget,

      der ist sterben wæge;

      swer erzenie pflæge

      und suehte meisterschefte rat,

260 im hulfe liht ein arzat

---

234 sam *H.* 235 en- *nur H.* 238 Seiten sp. s. vñ s. *H.*
240 Der — manig' vreude *H.* 242 Si envrewet schapel *H.*
243 ir gvt noch ir *H.* 245 niht *f. H.* 247 envrewet *H.*
daz *f. H.* 249 Und *f. H.* 250 Sumer vñ v. s. *H.* 251 daz
a. vrevden niht enfrvmt *H.* 252 in niht zv troste k. *H.*
253 daz *f. H.* 254 Die mvz in nemen d. t. *H.* 255 Swelch
mensche *H.* 257 Dem ist ein st. *H.* 258 Der e. *H.*
259 svchet *H.*

daz im sin swæriu burde
vil lihte ringer wrde.

    Ich chlage daz wîn und arme wip
mer frowent denne frowen lip.

265 daz ist ein loter fure
und sihe doch inder rure
vil mangen edelen ritter da,
der billichen anderswa
bi hohern vrouden wære.

270 die dunchent in zeswære.

    Ich chlage daz ein biderbe man
siner tugende niht genizen chan
als er wol wert wære.
daz ist vil chlagebære.

275 Ich chlage vil innechlichen
daz die tugentrichen
den valschen ie wrden undertan
und daz ez immer sol ergan.

    Ich chlage daz nu lutzel iemen

280 oder aber vil selten niemen
dem andern mac getrowen gar,
ern habe den noch sorgen dar,
und furhten alle liegen
und tougen iedoch daz triegen

285 und wellent ez ouch niht vermiden,
swie wirz doch hazzen und niden.

    Ich chlage ein dinch daz misse zimt:
swer des fromden dienst nimt

261, 262 von siner sweren b. Daz si r. w. *H.* 263 Daz weinende arme w. *H.* 266 Man sihet *H.* 267 Vil *f. H.* Manigen richen r. *H.* 268 Der doch billich *H.* 269 hohen *H. Nach 270 hat H*: Ich clage daz iemen gvtes Me hat denne mvtes Vñ minner denne er gvtes hat Die clage von h'zen grvnde gat. 271 biderber *H.* 272 tvgent *H.* 275 innencliche: der tvgende riche *H.* 277 Dem valsche ie wart *H.* 278 er i. s. zergan *H. Dann ohne Absatz*: Ich clage ein clegelichez leit Die vnseligen gewonheit Daz die milten sich v'kerent Vñ sich die argen merent *H.* 279 lutzel *f. H.* niman: ieman *H.* 280 aber *f. H.* selten] lvtzel *H.* 282 Er — sorge *H.* 283 wir f. a. triegen *H.* 284 tov̆gen *A.* mvgen doch daz liegen *H.* 285 Dar vmbe nicht verm. *H.* 286 doch *f. H.*

und hat niht willen dar zů
290 daz erz mit eren wider tů,
swer des gern vil tůt,
der enhat niht rehtes mannes můt.

Ich chlage den vercherten můt:
daz nieman wert ist ane gůt,
295 daz ist wider Jesum Christen;
der mit verscholten listen
unreinez gut gewnnen hat
und aller tugende ane stat
und got noch menschen liebe tůt,
300 er git sele und ere umbe gůt
und ist des gutes eigen,
daz můz er also zeigen
daz erz niht minnern getar.
er můz vil schælchlichen dar
305 immer dienen und geben
und getar niht anders geleben,
wan daz erz immer meret.
daz man den nu baz eret
danne einen biderben armen,
310 daz muze got erbarmen.

Ich wil des armen froude chlagen;
warumbe, daz wil ich iu sagen:
daz sih so meret sin gůt,
darumbe frout sih sin můt.
315 sin herce und siniu ougen
diu lachent beidiu tougen
so erz uberdenchet und ubersiht.
der frouden gan ich im niht:
er ist unrehtes můtes
320 daz er sich frout des gůtes
daz im die unfroude birt,
der nimmer mere ende wirt.

---

290 Daz] Wie *H.*   291 gerne *H.*   292 hat — rehten *H.*
296 verfluchten *H.*   297 Vnrein *H.*   298 abe st. *H.*   300
geit *H.* und *f. H.*   301 Er ist *H.*   302 erzeigen *H.*
306 Er g. *H.* leben *H.*   303, 307 er ez *H.*   309 Denne e.
reinen a. *H.*   311 argen *H.*   314 vrevwet *H.*   315 vñ
sin *H.*   317 So] Swenne *H.*   318 vrevde *H.*   320 Des er *H.*
322 mer ein e. *H.*

west er, waz im darnach geschiht
so er daz unrehte gût ansiht,
325 er switzet unde weinet blût,
ez heizzet gût und enist niht gût
des man sich hie frout also,
daz diu sele sin ist immer unfro.

    Ich chlage swie vil diu erde birt,
330 daz doch niht guter jare wirt,
wan ez die lute in selben stelent
und ez allez einander helent.
si versagtenz allen ir magen ê
und santenz, mohtens, uber se,
335 da man inz hohe vergulte,
swie man si darumbe schulte,
e daz si ir friunden hulfen dermite.
daz ist ein ungetriwer site.

    Ich chlage des werden mannes lip
340 den nieman hazzet wan daz wip.

    Ich chlage des rehten wibes leben
der mit ir manne ist vergeben.

    Ich chlage der armen zûversiht:
daz man des an den dingen giht
345 si bosern unde nemen abe
unz ouch diu werlt ein ende habe.

    Ich chlage die unbescheidenheit,
daz ist mir sicherlichen leit,
die die herren und die vrowen
350 an ir werchen lazent schowen.
swie grozze zuht ein man hat,
swie manic fuge er begat,
daz hilfet in wider die herren niht
und ist wider die vrowen ouch enwiht.

---

323 da von g. *H.*   324 Swen er — unrehte *f. H.*
326 Er — ist *H.*   327 Daz den man hie *H.*   328 Daz sin
s. immer mer ist v. *H.*   331 Wan ins d. l. selbe *H.*   332 Vñ
alle e. a. vor h. *H.*   333 versagent ez ir m. *H.*   335 Daz
manz in h. gvlte *H.*   336 manz *H.*   337 E si den fr. h.
da m. *H.*   339 biderben *H.*   340 sin wip *H.*   341 werden
w. *H.*   343 die bœsen z. *H.*   344 an *f.* — allen ding. *H.*
345 bosen *H.*   346 Vntz daz die w. *H.*   348 Die i. *H.*
349 Die h. vñ vr. *H.*   350 lazen *H.*   351 groz *H.*
352 manige *H.*   353 in *f. H.*   354 Ez ist *H.*

355 swie vil ein ungefuger man
    unzuht und unfuge chan,
    der wirt von den herren gwert
    und von den vrowen des er gert
    e danne er gefuge tů.
360 da gehoret glimf noch fuge zů.
    ez machet zuht so unwert
    daz ir zejungist niemen gert.
      Ich chlage den unstæten sit
    den ritter und vrowen volgent mit.
365 die warn hie vor so stæte:
    e. ein ritter des erbæte
    eine frowen, diu im wol gezam,
    daz si hie vor sin dienst nam,
    daz geschach niht churzliche.
370 si waren so tugende riche
    daz si der stæte niht verdroz;
    des was ir triwe so groz,
    swenne ir wille geschach
    daz si ir ietwederz niht enbrach
375 swaz er vlehen chunde,
    sit er vlehen begunde
    unz an siner vrouden hohgezit,
    daz wider flegte si sit
    und widerdient ez also,
380 daz er des was von hercen fro
    daz er den tac ie gesach
    daz im so wol ie geschach.
    der alte sit ist nu verslagen
    und ist ein niwer fur getragen:
385 swenne ein ritter nu gesiht
    ein frowen und ir des vergiht,
    er minne si fur elliu wip,
    er welle gut unde lip

359—62 *fehlen H.* 363 vngefvgen *H.* 365 Si waren *H.*
367 Eine] An *H.* 370 tvgent *H.* 372 wart *H.* 374 weders
nie ze brach *H.* 375 gevlehen *H.* 376 dienen begonde:
chonde *H.* 377 vrevde hochzit *H.* 378 w. vlehent *H.*
379 Vnde w. dienent iz *H.* 380 des *f. H.* 383 site *H.*
385 Als ein *H.* 386 giht *H.* 387 Er neme *H.*

mit triwen in ir dienest geben
390 und welle in ir gebote leben,
wil si in denne enphahen,
îesa můz si vaste gahen.
ist daz si im zehant versagt,
so hat si in immer verjagt:
395 er nimt von ir sinen můt.
ist daz siz aber balde tůt,
so gedenchet er 'diu frowe tobet
daz siz so schiere hat gelobet.
ich weiz wol, swer si bæte,
400 daz si im daz selbe tæte;
sit si so vaste gahen chan,
si gewinnet ir manigen dienstman.'
daz ist der dienst den er ir tůt.
er biutet vil diensthaften můt
405 manigem anderm wibe,
rehte als er tet ir libe.
daz ist ouch ir wol bechant.
unz er ir den rucke hat gewant,
so hat si sin vergezzen gar.
410 chumt ein ander ritter dar,
der mac daz selbe wol bejagen.
ich wil siu beidiu schuldic sagen:
si wenchent hin, si wenchent her,
ez si ein si, ez si ein er,
415 untriwe und unstæte
wont in ir beider wæte.
  Ich chlage uber die vercherten,
die verflůchten, die geunerten,
die verworhten und die verlornen,
420 die verteilten und die verchornen,

---

392 So mvz H.   393 v'saget: v'iaget H.   394 hat f. —
immer in H.   395 sinen] den H.   396 Iz d. si iz b. H.
397, 398 Vñ sinen dienst niht erlobt So denket er dise vr. H.
399 der siz bete H.   401 iehen H.   402 ir f. H.   403 ir] dir H.
404 vil f. H.   405 Vil m. H.   406 Rehte f. H.   407 vil
wol H.   408 er in H.   411 wol] da H.   412 wil beide da
sch. H.   413 Si wenket wenket er H.   414 Nv wenken hin
nv w. h' H.   416 Sint beide in einer w. H.   419 u. 420 und
f. H.   v'lorn: v'korn H.

die in den waren schulden stent
daz si daz mit mannen begent,
da got diu wip zů geschůf.
ez wirt ein chlage und ein růf
425 zejungist uber die armen,
ez mohte alle die erbarmen
den uber si schrient iriu chint,
die versoumet von ir minne sint.
ez ist zesagen ein scham
430 und ist zehŏren alsam,
doch sol manz horen unde sagen,
solt man ez allez verdagen,
so fůrte ieslicher uberlůt
den andern heim als eine brůt.
435 nu sol manz sagen umbe daz,
daz si wizzen deste baz,
welch lop si von den liuten han ·
und wie der lon si getan,
den si von got darumbe hant,
440 daz si die sunde begant,
da der grŏzzeste mort an liget
des femen in der werlde pfliget.
wer mŏhte iht grŏzzers vinden!
si nement ir selben chinden
445 beidiu ir sele und ir leben.
swaz in der got wolde geben,
die versument si mit den mannen.
verflůchet und verbannen
ist ir gehůgde vor got.
450 ez ist wider sin gebot
vaster denne dehein sunde,
des habe wir gůt urchunde:

---

421 bestant *H*. 422 Vñ mit den m. daz begant *H*.
425 zv jvngest *H*. 426 m. die werlt e. *H*. 427 Den] Die —
ir *H*. 430 ist *f*. *H*. 432 Solte manz *H*. 433 fůrt iets-
licher *H*. 434 ein *H*. 435 sagen *f*. vmb *H*. 436 Sagen
daz si w. dester b. *H*. 441 groze *H*, grŏzzeste *A*.
443 mochte — grozers *H*. 444 selbes *H*. felber *A*.
445 ir *fehlen H*. 446 got] tot *H*. 449 gehvgede *H*.
451 harter d. kein *H*. 452 gůt *f*. *H*.

man list an der alten ê,
daz vil lange nach Noe
455 zwo grozze stet versunchen
und umbe anders niht ertrunchen
wan umbe die selben missetat,
sit got so hæzlichen hat
ze Gomorra und ze Sodoma
460 gerihtet unde anderswa.
da bi bechennet man daz
daz got den aller grôsten haz
den selben sundæren treit.
dar er die ersten hat geleit,
465 dar mŭzzen ir genozzen gar.
si varnt vil billichen dar.
ir sunde ist unreiner vil
denne ich immer gesagen wil.
si ist so gar unmuglich,
470 ein schameloser schamte sich
solt er ez hôren unde sagen,
er mohte ez chûme vertragen.
des wirt uber si ein chlage
an dem jungisten tage,
475 die got vil harte richet
so diu nature sprichet:
"herre got, ich mane dich,
der genaden la genîezzen mich,
des soltu mich genîezzen lan,
480 du hiezze mir wesen undertan
swaz ie geschûf din gotheit.
la dir die, herre, wesen leit
die dich hant an mir gehônet.
du hast manigen gechrônet
485 den du hast von minen schulden
gerîchet in dinen hulden.

453 liset *H.*   454 vil lange] tvsent iar *H.*   455 zwu *H.*
456, 457 vmb *H.*   459 Zv Sod. v. zv Go. *H.*   460 unde]
wider *H.*   462 grozzisten *H.*   466 varent *H.*   469 vn-
mvgelich *H.*   470 schamet *H.*   471 ez] si *H.*   478 D. g.
dv geschvfe m. *H.*   479 solt dv *H.*   480 hiez m.
werden *H.*   481 dine *H.*   482 dir herre wesen *H.*
483 gehonet : gekronet *H.*   486 Getar ich in *H.*

herre, getar ich sprechen vor dir,
'du chôme mûterhalp von mir,
des la mich geniezzen hie
490 und rihte mir uber die
die zebrochen hant din gebot!
damit vellet si fur got
und sûchet sine fûzze
daz er ir rihten mûzze.
495 do Gomorra ertranch
und ouch Sodoma versanch,
mit dem selben valle
werdent si verteilet alle.
da von weiz er ir niht,
500 daz ist diu erste geschiht
daz got der nature rihtet,
so er alle chrumbe slihtet.
　　Ich chlage den ungelouben,
damit uns wellent rouben
505 der chetzer fûre und ir sprechen.
got sol billichen rechen
den gwalt den si an in begant,
daz si sin verlougent hant
und im verteilent sin riche
510 und sprechent daz ernstliche,
si glouben an den grozzen,
der von himele wrde verstozzen,
der da brinnet in der helle,
beidiu er und sin geselle,
515 den er zehimel da lîe,
die zwene sin gewesen îe.
si hûben ein unminne,
do het ir got die sinne
und also grozze diumût,
520 daz erz næme fûr gût

487—492 *in H*: Herre gesprechen vor dir　Dv solt alrest
richten mir　Wan dv mir gebe daz gebot　Daz ich were der
ander got　Des la mich g. h. (= 489)　Vñ rihte m. v. die
(= 490) Die mir sint gewesen wider　Da mit vellet si da
nider. 493 sine] gotes *H.* 494 So sprichet der vil sv̂zze *H.*
498 gewert a. *H.*　　499 er] ich *H.*　　502 ellev *H. Der*
Abschnitt über die Ketzer V. 503—674 fehlt in H.

daz er in stiezze her abe.
swaz er in getan habe,
daz lîde er gern umbe daz
daz er erziuge deste baz
525 daz er der bezzer got si,
im si diu grôzzer chraft bi,
daz schîne an siner gûte wol,
daz er so grozzen chumber dol
und des wol uber wrde.
530 swenne er die swæren bûrde
niht langer tragen welle,
so var er uz der helle
und sitze an sîn gerihte
ze aller der gesihte
535 die mit im sin gevallen,
und var denne mit in allen
hin wider uf dannen er darquam.
der im daz himelriche nam,
den stozze er danne dernider
540 und lazze in nimmer mere hin wider.
sus gloubent die toren.
daz si ougen habent und oren,
daz mûzze got erbarmen,
und mohten die vil armen
545 weder gehôren noch gesehen,
so wær in verre baz geschehen.
nu sint si grozzer sinne vol
und hôrent und gesehent wol
daz der reine wîse got
550 uns hat gigeben sin gebot,
daz wir minnen alle gûte,
chusche und diumûte,
zuht, warheit und triwe,
nach sunden rehte riwe,
555 ware stæte, vil rehte bûzze.
disiu geistliche unmûzze
sol stæte beliben an uns.
daz ist des vater und des suns

522 im ?

und des heiligen geistes gebot,
560 daz ist der reine wise got,
der so reiniu dinch gebiutet.
der chetzer got triutet
manslaht und morden,
daz ist sin liebest orden.
565 mein eide, rouben unde steln
und ane riwe daz verheln,
unchusche und untriwe
sol im immer wesen niwe.
der sin gebot behalten wil,
570 der sol sich flîzzen, daz er vil
unreiner und ubeler dinge
mit werchen volbringe.
daz wirsiste daz wip oder man
erdenchen oder getûn chan,
575 daz ist sin dienest, des er gert.
der got ist wol der helle wert.
wær dannoch ein ander swære
diu michel wirser wære,
der wær er wert und alle die
580 die sin immer oder ie
ze gote jahen oder jehent.
sit si niht horent oder sehent
von im deheine gûte,
wie moht er in ir gemûte
585 der wisheit so berouben,
daz si des habent gelouben,
der tievel beschûffe ertriche
und allez daz geliche
daz uf dem ertriche si,
590 und gloubent dannoch dabi,
swenne der mennesch zerge,
daz er iht anderstunt erste,
sin fleisch si ein erde,
swenne ein wip swanger werde
595 und swenne des zweinzec wochen sint,
so var der tivel in daz kint,

---

593 si.

der sin sele und sinen geist;
von des geistes volleist
lebe ez, unz er drinne won;
600 swenne er scheide davon,
so si der geist alsam ê,
daz fleisch si tot und zerge.
si habent ouch verjehen dabi
daz jeslich sele ein tievel si.
605 si suln alle tivel wesen
und sulen nimmer genesen.
sit si jehent daz si sint
tivel unde tivels kint,
nu mǔz in tivels reht geschehen.
610 daz si uns des geturren jehen
daz wir tivel sin sam sie,
darumbe bit ich alle die
die zǔversiht zegot hant
und dem heiligen glouben bi gestant,
615 daz sin daz lazzen wesen leit,
daz si uns den atem hant verseit
den got in blies Adamen,
da von alle die geiste quamen
die got dem menschen hat gigeben,
620 die ewechlichen mǔzzen leben
in werde wol oder we.
got geschǔf im niht gliches me
an dem menschen wan den geist.
daz ist diu rehte volleist,
625 von der wir daz gewis han
daz wir zejungist erstan.
swen man got hie dienen siht,
swie wol des sele geschiht
und swie grozze froude si lite,
630 da wære dem libe niht mite
vergolten sin arbeit
die er mit gǔtem willen leit,

solt er niht anderstunt erstan.
sol ouch der gelogen han
635 der daz fûr war gesagt hat,
got vergezze deheiner gût tat
si werde vergolten schone
mit hundert valtem lone,
daz lon mac niht ergen,
640 ê wir zejungist ersten,
so wirt ervollet daz wort,
den grozzen ewigen hort
habent die chetzer in verteilet.
das belibent si ungeheilet.
645 wir suln in sin erbolgen
und suln in des niht volgen
daz si uns wellent rouben
des rehten gelouben
da Christ die marter umbe leit
650 und ander manich smacheit.
daz was im ein vil herter chouf:
unser gloube und unser touf
sint in unsanfte an chomen.
wir haben die warheit nu vernomen.
655 swie lange disiu werlt *ste*,
ez wirt dehein gloube me
wan den uns hat gemachet Christ.
swie vil der ungelouben ist,
der glouben ist niht wan einer,
660 ir wirt ouch mer deheiner.
swer den rehten glouben hat,
ist daz er sunde begat,
der mac dennoch trost han:
er hat wider got getan,
665 der schepfære und vater ist,
und wider den heiligen Christ,
des er zesun gerne giht,
er hat gesundet dannoch niht
an dem heiligen geiste,
670 von des helfe und von des volleiste

Der Satz von 634—643 geht nicht so auf. 655 se.

wirt sin doch ettewenne rat.
swer des glouben niht enhat,
der hat gesundet an si dri,
dem gestet ouch ir deheiner bi.

675　Ich chlage swer des sites pfligt
swenne er an sinem ende ligt,
daz er got git sin gût
und hat idoch vil vesten mût
daz erz behabe die wile er lebe

680　und man ez got danne gebe;
swenne ez chumt uf den tac
daz erz niht mere gehaben mac
und er da von mûz scheiden,
so mûse erz einem heiden

685　oder einem juden allez lan;
er mac niht gewaltes han.
swenne er verwandelt sin leben,
so mag er got niht gigeben,
wan in des gûtes niht bestet:

690　so im diu sele uz get,
so hat er niht gûtes mere
wan swaz er durch gotes ere
mit willen hat gigeben ê,
daz hat er und niht me.

695　swelch gût der mensch so lange hat
unz im diu sele uz gat,
daz mag er got niht gigeben.
er mûz sprechen unde leben
der got gûtes sol gewern

700　und mûz sin ouch durch in enbern.
swem got den tot tût,
dem nimt er lip und gût.
waz mag er got denne gigeben?
im hat got gût und leben

---

675 wer *H.*　676 So er — liget : pfliget *H.*　677 gote *H.*
678 vil *f. H.*　680 ez doch got gebe *H.*　681 uf] an *H.*
682 me *H.*　684 mvz *H.*　686 E. m. sin niht mer ge-
walt h. *H.*　689 niht] nimmer *H.*　690 Swenne im —
gat: bestat *H. Alles Übrige fehlt in H, statt dessen:*

705 mit alle an gewnnen.
 swie chrumbez reht wir chunnen,
 wir mủzzen werden vil sleht
 ê daz wir got werden reht.

---

in H nach V. 690:

 Ich clage des werden ritters lebē
der sich mit alle hat ergeben
in einer vrowen gewalt
vñ machet ir so manicſalt
mit dienstlicher arbeit sin
sin trewe vñ sin warheit schin
zvcht vñ sin gvte,
vntz daz sich ir gemv̂te
an in gewendet so vil,
daz si sin dienst nemen wil
vñ dvnket in vil seliclich
vñ vlizet dvrch ir willen sich,
daz er ir dienst bege
der in beiden schone stê.
so phliget er so manic iar
daz er wol swủr vñ ist ovh war,
ob ez ieman lonen wolde,
daz si im lonen solde
ob er den lon verlevset
vñ si in verkevset
dvrch eines alten wibes rat
vñ nimet einen der ir hat
gedienet lvtzel oder niht
oder geit ir einer gvtes iht,
nimt si den fvr disen man
der ir so wol gedienen kan
vñ ir so wol gedienet hat.
daz ist des ratgeben rat
des sich die bôsen mvzen schaṁ.
dvrch sinen schentlichen naṁ
wirt er evch niht von mir genāt;
er ist doch leider wol bekant.

31. Der Turse

Hie bevor do chomen zwelf man
in einen vinstern tan,
si wrden irre darinne.
daz chom in zeungwinne.
5 si gahten fûr sich ubermaht
und wrden verre in der naht
eines viures gwar.
balde hûben si sich dar.
da funden si ein hûs stan,
10 darinne ein wip wol getan.
do si in daz hûs quamen,
einen tursen si vernamen
verre in dem walde.
der lief dar vil balde
15 mit eislichem schalle,
daz si verzagten alle.
'owe mir', sprach daz wip,
'min man nimt iu den lip.
stîget dort hin uf daz gaden.
20 ich gan iu ubel iwers schaden,
ich nert iuch gern, wesse ich wie.'
uf die hôhe si si lie.
do der turse in daz hûs lief,
daz wip er vaste an rief
25 wa die menschen wæren.
sine wolde si niht vermæren;

---

31. *A Nr. 171, Bl. 139ra—rb; H Nr. 154; E Bl. 98ra—va.*
J. Grimm: Altd. W. 3, S. 178—182, A; Wackernagel S. 799—
801; Schädel-Kohlrausch S. 210—212 nach Wackern.; Ros.
S. 130 f. Lesaa. von H und E nach Ros. Überschrift in H:
Ditz schone mere sol man gerne lesen   Wie ein rise zwelfe
man gezse. 1 Hie vor quamen *H.* 3 Und w. *H.* 4 quam —
zu *H.* 7 fewers gewar *H.* 8 gahten sie *H.* 9 Do sahen *E.*
12 risen, *am Ende der Zeile* odᶠ tursen *H.* 13 Vil v. in
jenem w. *H.* 14 gahet *E.* dar zu *H.* 15 u. 16 *f. H, E.*
17 Owe spr. des tursen w. *H.* 18 Min herre *E.* 19 dort
hin *f. H.* diz *E.* 21 u. 22 *f. HE.* 25 mensche (*aus Ras.*
von n) da w. *H.* 26 wolten *H.* Er wôlt si nit beswern *E.*

si sprach: 'hie enist nîeman.'
er sprach: 'und ist hie îeman,
des wirde ich schiere gewar.
30 er sûhte hin unde dar.
do sach er si dort oben stan
'ich mûz iwer einen han',
sprach er, 'da ist niht wider,
den werfet mir balde her nider,
35 oder ez ist iwer aller tot.'
do tatens als er in gebot:
den swachesten under in
den wurfen si den tursen hin.
den het der ungetriwe fraz
40 in vil churzer frist gaz.
zornechlichen sprach er:
'gebt mir aber einen her!'
den wrfen si im aber dar,
den selben az er ouch gar,
45 daz im sin niht uber wart.
'ir mûzzet alle an die vart!'
sprach der ungehiure,
er briet si bi dem viure
und hiez im aber einen geben.
50 also nam er in daz leben
und leibet ir deheinen,
unz ez bechom an einen;
den hiez er ouch her abe gan.
'daz wirt nimmer getan',
55 sprach er dort oben iêsa.
'so hol ich dich aber da',

---

27 Und spr. *H.* hien *H,* hinne *E.* 28 und *f. HE.*
30 Er luchte her u. *HE.* 31 Und s. s. d. uf st. *H,* Vñ
s. s. vf der dille st. *E.* 33 dan *H.* 34 mir *f. H.* Einen
wurfen si h. *E.* 35 *f. fehlt E.* Iz ist anders aller ewer t. *H.*
36 Do taten si daz er g. *H.* 38 dem t. *H.* 39 der (er *E*)
vngehewer *EH.* 40 kurzen ziten *HE.* 43 Den selben w.
— aber *f. H.* 44 ouch] aber *H,* also *E.* 45—48 *fehlen H.*
50 benam *E.* 52 Untz daz iz quam *H,* Biz ez kam *E.*
53 er h'nider g. *E.* 54 enwirt *H.* 55 er *f.* — iener iesa *E.*
isa *H.* 56 So gen ich dar und nime dich da *H.*

sprach der turse, 'ich wil dich verzern!'
'des wil ich mich entriwen wern'!
sprach der man vil drate.
60 'sich daz ist nu zespate',
sprach der gitisære,
do su selbe zwelfter wære,
do soldestu dich han gewert,
so mohtestu dich han genert,
65 din wer ist nu dahin.'
do gie er dar und az ouch in.
   Dem tursen tût geliche
ein ubel herre riche,
der ein geslehte vertrîben wil.
70 so hebet er daz nît spil
an dem swachisten manne,
verzagent die andern danne
und lazzent in vertriben,
daz si mugen beliben
75 in sinen hulden dester baz,
so chert er aber sinen haz
vil schiere uf einen
und leibet ir deheinen,
unz er si gar vertrîbet,
80 daz ir deheiner belîbet,
daz si alle daz selbe erchiesent.
so si danne einen verliesent,
so si sich îe wirs mugen erwern.
swer sich *menlich* welle ernern,
85 der wer sich bezîte,
daz er des niht enbîte,

---

58 mich (vil *H*) vaste w. *HE*.   59, 61 So spr. *H*.
60 Du werest dich nu *HE*.   62 zwelfte *H*.   63 Hetet ir
euch do g. *H*, Hettest du dich da g. *E*.   64 erneret *HE*.
65 weren daz i. *HE*.   66 giench *HE*. gaz *E*.   70 er hebt *H*,
hebt *E*.   73 in] den *HE*.   74, 75 Daz si dester senfter
(baz *E*) beliben *HE*.   76, 77 So vertribet er ir (ir *f. E.*)
aber einen *HE*.   78 erleibet ir aber keinen *H*. laubet *E*.
79, 80 *fehlen HE*.   81 Daz] Untz *H*, E *E*.   82 So sie
ir ie me *E*. einen] ie mere *H*.   83 sich *f. H*. So m. s. *E*.
84 menlich *f. AE*.   86 Jener beitet mit dem strite *HE*.

daz in diu uberchraft beste.
ez ist im gůt, wert er sich ê,
als in der turse uberwnden hate,
90 so wert er sich zespate.

87, 88 *fehlen* *HE*.　　89 Als] Untz *H*. Hintz der tůrse nit
me hete *E*.　　90 Da — spat : hat *H*. Do — zespete :
hete *E*.

32. Der einfältige Ritter

Ez reit ein ritter, der was tump,
uf einer straze, diu was chrump;
daz schuf ein berch, der da stunt
als noch genuge berge tunt
5 da man muz riten umbe.
do sprach derselbe tumbe:
'ditz ist ein erwunschtez burch stal:
ez ist zebereit noch zesmal.
zwar, da enist niht wider,
10 ezn ist zehoh noch zenider;
sold ich nach minem willen han
ein burc diu muse druffe stan.'
er begunde hin uf riten
und chom zeder andern sitten (!),
15 diu was bezzer oder als gůt.
er sprach: 'min herce und min můt
diu heten immer frouden schin
sold ich mit huse dar uffe sin.'
als er die dritten sitten sach,
20 diu was so gut daz er des jach:
'ditze ist diu beste burchstat
da ie dehein man uf getrat.'
als er zu der vierden sitten cham,
do wart er dem berge gram:
25 diu was so ubele gestalt
daz er sich selben dar umbe schalt
daz er den berc het gelobet.
er sprach: 'zewar, ich han getobet

32. *A Nr. 204, Bl. 152^{ra—rb}; H Nr. 140; E. Pfeiffer
Zs. 7, S. 339—341; Ros. Lesaa. von H S. 222. Lesaa. von
E nach Pf. von H nach Ros. 2* ein *E.* 4 So *E.* 5 Daz *E.*
7 Daz i. e. erweltez *E.* 8 Izn ist niht zv br. *H,* niht ze br. *E.*
9, 10 *umgestellt HE.* 9 ist *E.* 10 Ezn ist *f. E.* zv *H.*
11 noch minen *H.* 12 můst dar uf *E.* 13 hin vmbe r. *H.*
14 zů der *E.* 15 was *f.* also *E.* 17 diu *f. E.* hoher fr. *E.*
18 d. vf *E.* 19 Do *H.* siten *HE.* 20 g. als er iach *H.*
21 Daz *H.* 23 Do *H.* 24 d' *A.* 26 selbe *E.* 27 Daz ich
d. b. han g. *H.*

daz ich dir gutes han gejehen,
30 ich han so boses niht gesehen.'
sus schuf diu virde sitte daz
daz er dem berge wart gehaz.

   Als der tumbe ritter warp,
des lop so schiere verdarp,
35 also chan noch manger werben.
des lop daz muz verderben:
swenne er siht ein fremde wip
und iesa minnet ir lip
fur alle die er hat gesehen
40 und im sin mut beginnet jehen:
si ubersuze alle sůze,
swie vil ez chosten můze
er můzze ir minne erwerben
ode ane trost verderben
45 durch die jugent die si hat,
daz ir gar zewnsche stat
daz antlutze und aller ir lip,
und ist vil gar ein schone wip:
swie gut die dri siten sint —
50 daz si der jare ist ein chint
und wol geschaffen dabi
swie schone si si —
ist si zeder vierden siten chranc —
daz er ir herce und ir gedanc
55 gar ane tugende vindet —,
des loben daz verswindet,
swenne im ir valsch wirt bechant,
sam des ritters lop verswant,
der dem berge grozer gute jach
60 und in sit schalt, do er gesach
di vierden siten, da die dri
gar verderbet waren bi.

29 gůte h. veriehen *E*. 36 Daz sin *E*. lob mvz ovch *H*.
37 sich *H*. fremdez *E*. 40 mvnt *H*. 41 Sie sie s. ѷber a. s. *E*.
44 oder — ersterben *E*. *Nach 44 in H*: Vñ wendet sine
sinne Vil gahez an ir minne 45 ir j. *H*. 48 schônez *E*.
49 site *E*. 52 Vñ swi vil sch. *H*. Vñ swie *E*. 56 lop
da *E*. 58 Als *E*. 59 gute] wirde *E*. 60 er (in *E*)
sach *HE*. 61 do *E*. 62 Vil gar *H*.

33. Die Herren zu Österreich

Ditz ist ein mer rîch
von den herren zu Osterich.

Ein vrâz der waz sô gar ein vrâz,
daz er des wânde, er hete gâz
mê guter spîse alleine
danne die werlde alle gemeine.
5 swie vil er gâz, sô jahe er doch,
er hete grôzen hunger noch.
dô het er vreunde ein michel teil,
die sprâchen: 'ez ist ein unheil,
ob unser vreunt sô stirbet,
10 daz er niht spîse erwirbet,
daz er sich zu einem mâle gesate.
wir hân an gute wol die state,
daz wir versuchen wol sîn kraft.
wir suln im eine wirtschaft
15 nâch sîn selbes willen geben.
wir mochten ungerne leben,
sô man uns her nâch verwisse,
daz er sîn tage verslizze,
daz er nie zeinem mâle wurde sat.'
20 si brâchten spîse an eine stat
sô gut, sô manger slachte,
daz man in aller achte
vil koume wizzen kunde.
dô âz er untz an die stunde,
25 daz er den gelust gebuste
und im die spîse unsuste
und er si wider muste geben.
dô wart verkert sîn leben:
swie vil er âz untz an die zît,
30 er wart sô rehte keusche sît,

---

33. *Nicht in A*; *H Nr. 193, Bl. 332ᵛᵇ—334ʳᵃ. v d . Hagen*:
*Germania 2, S. 82—85; Meyer-Benfey S. 63—68; Ros.
S. 194—197. Zum Text s. Vorwort S. XII.* **11** *gesatê H.*
22 *in*] *besser ir? s. Ros.*

daz er minner denne ein kint âz.
sust wart der gittliche vrâz
ein vaster der beste,
den man in der werlde weste.

35 Der ê was sô vrezzick
und dar nâch wart sô mezzik,
dem tâten vil gelîche
die herren zu Osterrîche.
die wurben hie vor umbe êre,

40 der geluste si sô sêre,
daz si des douchte durch ir guft,
ob mer, erde und luft
ir lop niht mochte getragen,
sine wolten ir dennoch mê bejagen.

45 des gewinnen si sô grôze gunst,
daz man in alle die kunst
dar ze Osterîche brâchte,
der ie dehein man gedâchte.
die gulten si âne mâze.

50 dô geschach in als dem vrâze,
der âz untz in der hunger lie
und im mittalle zegie.
 Swer ir genâden ruchte,
der vant dâ swaz er suchte.

55 daz triben si untz an die stunde,
daz ir sô vil begunde
nâch gute zu Osterrîche streben
durch daz unmezlîche geben,
daz si sich heten an genomen.

60 des begonde ir dar sô vil kumen,
heten si alle der Krichen gut,
sine mochten alle der gernden mùt
mit gâbe niht erfullet hân.
daz si unmâze muzzen lân,

65 des wart verkert ir leben,
sô daz in vreude und geben
sô ungefuge wider stunt,
daz si des dâ nù minner tunt

---

45 gewunnen *Ros.* 62 mֆt *H.* 64 muzzen = muosen.
67 stunst *H.*

denne man in andern landen tu.

70 dâne meine ich si niht alle zu:
man vindet noch vil biderben dâ
als wol sam anderswâ,
desn mag ich in niht entwîchen.
man vindet ouch sumelîchen

75 den die erde niht solde tragen.
daz muz man alles dâ verdagen,
man getar dâ loben noch schelten.
daz vant man ê vil selten,
daz iender die wandelberen

80 den biderben sô liep weren
sô si nû sint zu Osterrîche.
ir mut stêt nû ungelîche,
swie ez doch sî ein vreuntschaft.
die biderben sint sô tugenthaft,

85 daz si daz dunket missetân
daz si ienen bî uns schelten lân,
und lâzent nieman schelten.
wie daz die valschen gelten?
dânen lânt si niemen bî in loben,

90 steckent in der schanden kloben,
des nement si niemans lob vûr gut.
swie rechte man dem rechten tut,
sô man in lobte durch rehte sult,
daz ist der valschen ungedult.

95 der grimmen nîdere ist sô vil,
der ez ietslîcher velschen wil,
daz nieman singen getar.
man nimt ouch videlens lutzel wâr,
man gert ouch sagens kleine.

100 ungezogeneu wort unreine
die sint nû leider sô wert,
daz man ir fur die guten gert.
ritter und vrowen mugen wol klagen
daz saiten spil, singen und sagen

105 sint worden wider zeme.
die wîle si wâren geneme,

86 *statt* ienen bi uns *hat Ros.* iemen bi in.   90 Si steckent
Ros. u. v. d. Hagen.   98 wâr *H.*

dô waz man vrowen sô holt,
daz man ir minneklîchen solt
vor allen dingen suchte.
110 swez ir genâde ruchte,
des tet man mê danne vil.
dô sagen, singen, seiten spil
ze hove wurden vernumen,
dô wâren die ritter vol kumen.
115 man gab in hôheu râvît
und guter kleider zu aller zît
und furte si zu den vrowen
und lie sie ouch ritter schowen
zu turnei und zu ritterschaft.
120 man sach den, der mit ritters kraft
mit gantzem harnasche reit,
dem nû niemen graweu kleit
noch ein gurren geben wil.
man sihet nû hengest ritter vil,
125 die doch wol rosse weren wert.
daz man ir niht zu vreuden gert,
dar nâch hânt si sich nû gestalt.
dô man sagen, singen, seiten spil galt,
dô man ritter galt ir leben,
130 man kunde in lîhen und geben,
man kund in zu gebâren,
daz si gerne zu hove wâren.
nû sint si gerner anderswâ,
man sihet nû lutzel ritter dâ
135 wan die dâ sîn můzen.
man mochte si sô dâ grůzen,
daz si dar strebten alsam ê.
ein milter hât nû lobes mê
danne zwelf in den jâren,
140 dô si alle milte wâren.
dô waz die milte ein lant sit
und schalleten ûf ein ander mit.
dâ von můzen si geben
und můzzen milticlîchen leben.

---

114 wil k. *Ros. u. v. d. Hagen.* 116 guten *Ros.* 127 hat *H.*
142 schalleren *H.*

145 daz leben hât sich verkêret,
    daz si nû niemen lêret,
    die milte in disen zîten sint,
    wan Got und Krist, Gotes kint,
    und der vil heiliger geist.

150 dennoch habent si einen volleist,
    daz ist ir tugende gebot.
    sinen gebent nû niht wan durch Got
    und durch kristenlîche trewe:
    die gâbe ist âne rewe.

155   Nû sol man sehen, wer milte sî.
    im waz hie vor die vorchte bî,
    daz alle die werlt die argen schalt;
    des waz ir schallen manicvalt
    mit kleidern und mit hôchgezît:

160 si gâben alle en widerstrît.
    dô man sô mangen gebenden vant,
    dônen wâren die milten niht bekant.
    sô der arge rîche mûse geben,
    sô gap er sô, daz man sîn leben

165 fur den milten armen lobte.
    swie er nâch der gâbe tobte
    mit herzeklîcher rewe,
    sô waz sîn lob doch newe.
    nû erkennet man die milten wol;

170 sît man nû niemen schelten sol,
    der man tut nû mit gute
    niht wan nâch sînem mute;
    nû sol man sehen der leute mut,
    sît man ez wol lât oder tut.

175   Swer nû gît, der gît durch Got
    und durch der milte gebot
    und durch den rât sîn selbes tugent.
    des lân hât billich immer jugent
    vor Got und vor den leuten,

180 in sullen alle engel treuten,
    swer milte bî den zîten beleip,
    dô man si zu der milte treip,

---

159 2×. 162 milte *H.* 181 *letzte Zeile von Bl. 333ᵛᵇ u.*
1. Z. von Bl. 334ʳᵃ.

sô man die tregen ochsen tut,
und si daz nâmen fur gut,
185 swer dô vor schanden ist genesen,
siht man den milte wesen,
sît in nû nieman twinget mê,
sô waz ouch elleu sîne milte ê
von des heiligen geistes meisterschaft
190 und von getrewes herzen kraft.
swer aber ê vil gegeben hât
und nû sîn geben dar umbe lât,
daz man im ez niht verwîzzen mak,
den gesahe man nie deheinen tak
195 mit rechter milte leben.
der hât durch tôren lop gegeben:
sît tôren lop zergangen sî,
nû sîn ouch tôren geber vrî.
nû sol man wîse geber sehen,
200 die milte muz nû sô geschehen,
daz ir Got und elle sîne kint
von schulden immer geêret sint.